ГОСУДАРСТВЕННЫЙ РУССКИЙ МУЗЕЙ
МУЗЕЙ ЛЮДВИГА В РУССКОМ МУЗЕЕ

STAATLICHES RUSSISCHES MUSEUM
LUDWIG MUSEUM IM RUSSISCHEN MUSEUM

ALEXANDRA EXTER

FARBRHYTHMEN

АЛЕКСАНДРА ЭКСТЕР

ЦВЕТОВЫЕ РИТМЫ

PALACE EDITIONS

Содержание / Inhaltsverzeichnis

Александра Экстер
Около 1930

Alexandra Exter
Um 1930

Александра Экстер – одна из выдающихся представительниц русского авангарда – до сих пор не слишком хорошо известна российской публике. Судьба Экстер, как и многих ее современников, сложилась так, что в 1924 году ей пришлось покинуть Россию. С тех пор Экстер жила во Франции. На родине о художнице надолго забыли. Ее блистательное творчество лишь совсем недавно предстало в российских экспозициях, поражая мощью и изысканностью цветовой гармонии и ритмов.

Экстер музыкальна по сути. В этом она близка многим художникам начала XX столетия, искавшим и находившим каждый по-своему связь между звуком и цветом. Мир, изображенный Экстер, – симфонии в красках со своими крещендо и пиццикато. Бурные страсти и лирическая мечтательность, выраженные темпераментными живописными движениями кисти, напоминают архитектурные формы украинского барокко или гребни набегающих волн. Любовь к красно-бордовому цвету корнями уходит к иконе и предметам народного творчества, вошедшим в изобразительный язык Александры Экстер от впечатлений детства, которое художница провела на Украине.

Разумеется, как и все художники русского авангарда, Экстер вдохновлялась далеко не только национальной атмосферой. Французские художники Соня и Робер Делоне, Фернан Леже и другие, с кем она сблизилась в Париже еще до своей эмиграции, оказали влияние на развитие ее художественного мышления. Однако яркий и самобытный талант, собственная тема в искусстве, ориентация на традиции и их преломление в современных началу XX века абстрактных формах сотворили абсолютно оригинальное чудо, имя которому Александра Экстер.

Издание, предлагаемое вниманию читателей, подготовлено Государственным Русским музеем, обладающим не многими, но важнейшими произведениями художницы, совместно с Георгием Федоровичем Коваленко, доктором искусствоведения, старшим научным сотрудником Института теории и истории искусств (Москва). Более тридцати лет Коваленко изучает творчество Экстер. В процессе подготовки каталога её работ (Catalogue Raisonné) Георгий Фёдорович собрал материал для этой книги, которую мы публикуем в надежде, что она принесёт читателям новые знания о русском авангарде и об Александре Экстер.

Евгения Петрова
заместитель директора
Государственный Русский музей

Alexandra Exter ist eine der herausragensten Avantgardekünstlerinnen, die dem breiten russischen Publikum kaum bekannt ist. Ihr Schicksal wollte es, wie übrigens vieler ihrer Zeitgenossen, daß sie 1924 Rußland verlassen musste. Seitdem lebte sie in Frankreich. In ihrer Heimat war die Künstlerin für lange Zeit vergessen. Ihr glänzendes Schaffen überrascht die Betrachter durch kräftige und feine Farbakkorde und Kompositionsrhythmen.

Exters Wesen ist musikalisch. Darin ist sie vielen Künstlern zu Beginn des 20. Jahrhunderts nah, die – jeder auf seine eigene Weise – die Verbindung zwischen Klang und Farbe gesucht und gefunden haben. Die von Exter dargestellte Welt ist eine Sinfonie in Farben mit eigenen Crescendos und Pizzicatos. Stürmische Leidenschaften und lyrische Träume, die durch temperamentvolle malerische Pinselbewegungen ausgedrückt werden, erinnern an Architekturformen des ukrainischen Barocks oder an die ans Ufer schlagenden Wellenberge. Exters Vorliebe für bordeauxrote Farbe wurzelt in der Ikonenmalerei und Volkskunst, die aus Eindrücken ihrer in der Ukraine verbrachten Kindheit in ihre Bildsprache eingegangen sind.

Wie auch alle anderen Avantgardekünstler, wurde Exter nicht nur durch die nationale Atmosphäre inspiriert. Ihre Entwicklung wurde u. a. von den französischen Künstlern Sonia und Robert Delaunay, Fernand Léger, die sie in Paris noch vor ihrer Emigration kennengelernt hatte. Doch hat das große und eigenständige Talent, das eigene Thema in der Kunst, die Orientierung auf Traditionen, ein durchaus einzigartiges Wunder geschaffen: Alexandra Exter. Das vorliegende Buch vom Staatlichen Russischen Museum, welches einige der wichtigsten Gemälde von Exter besitzt, entstand in Zusammenarbeit mit Dr. Georgij Kowalenko vom Staatlichen Institut für Kunstgeschichte in Moskau. Im Verlauf von über 30 Jahren hat er das Werk der Künstlerin genau erforscht. Georgij Kowalenko bereitet nunmehr den Catalogue Raisonné über Alexandra Exter vor.

Wir hoffen, daß dieses Buch neue Einblicke in das Schaffen von Alexandra Exter und der russischen Avantgarde vermittelt.

Ewgenija Petrowa
Vize-Direktorin
Staatliches Russisches Museum

Георгий Коваленко

Александра Экстер:
От „Цветовых ритмов“ к „Цветовым динамикам“

Посвящается Игорю Минаеву

Самое вдохновенное в искусстве Александры Экстер – ее беспредметная живопись. Кажется, все, предшествовавшее ей, неминуемо ее предвещало. Она как будто виделась художником всегда, предчувствовалась и предощущалась. Такое впечатление, что Экстер странным образом дано было знать: именно в беспредметной живописи она обретет самое себя, свой мир, свою истинную свободу.

Конечно, история искусства 1910-х годов всем этим нашим ощущениям противопоставляет очевидную логику общих процессов и общих неизбежностей. И ее нельзя не учитывать: и к процессам, и к движениям того времени Экстер имела самое непосредственное отношение: ее живопись и ее театр – неотторжимая их часть, и общая картина была бы далеко не полной, если попытаться исключить из нее искания Экстер.

И все же... И все же в биографии художника мало что может сравниться с той экстатичностью творчества, неудержимостью вдохновения, безграничностью воображения, которыми буквально взрываются ее абстрактные холсты. Ни до, ни после них красочный мир Экстер не проявлял себя столь торжествующе, столь раскованно и так чрезмерно. Ни до, ни после них колористическая гамма Экстер не обнаруживала такого тембрального богатства, такой музыкальной изощренности. Подтверждений этому сколько угодно. И, в частности, один из альбомов гуашей – серия „Цветовых ритмов“. О нем и пойдет речь. Но прежде – несколько предварительных и общих замечаний.

Конечно же, в абстракциях художника нельзя не прочесть их генезис, их начала и истоки: вне сомнения, Экстер к ним вел прежде всего ее кубофутуризм[1]. На редкость стремительный и интенсивный, он поражал живописной маэстрией и в то же время словно давал понять, что главное в нем отнюдь не какие-то его отдельные проявления, а именно все они вместе, одно за другим – процесс, и, значит, энергия кубофутуристических трансформаций, их совершенно определенная направленность и устремленность.

Момент выхода кубофутуризма в беспредметность чрезвычайно важен не только для искусства Экстер, но и для практики и судеб русского авангарда вообще. Момент, заметим, все еще далеко не осмысленный во всех своих деталях и последствиях. Обращение к беспредметности у Экстер совпадает с началом ее работы в театре. И, кстати, критика сразу же точно уловила это обстоятельство, отметив, наверное, главную и в значительной мере им обусловленную особенность новой живописи художника: красочный мир, подчиненный мощному движению, исполненный движения, своим движением завораживающий[2]. Добавим: театр с той поры навсегда вошел в биографию и судьбу Экстер, и игровое начало стало еще более выразительным и едва ли не главным качеством ее живописи.

И еще одно: Экстер всегда привлекала живая и мощная стихия украинского искусства. Вернее, не просто привлекала, с ней часто было связано в творчестве художника очень многое: и определенность колористических пристрастий, и конструктивные особенности живописи и сценографии, и пластика изобразительных мотивов, не говоря уже о бесчисленных разно-

Беспредметная композиция
Около 1916–1917
Холст, масло. 88 x 70
Государственный Русский музей
Санкт-Петербург

Gegenstandslose Komposition
Um 1916-17
Öl auf Leinwand, 88 x 70 cm
Staatliches Russisches Museum
Sankt Petersburg

го уровня непосредственных обращениях к этому искусству. Обращениях, не всегда даже заметных не приученному глазу, но ясно читаемых, если быть хоть немного знакомым, скажем, с украинской крестьянской живописью, вышивками, народным костюмом или архитектурой украинского барокко.

В беспредметной живописи Экстер такой аспект проявил себя с особой силой и убедительностью. И его нельзя не ощутить в самой природе композиционных структур, в их законах, в их энергии, развитии, динамике. В особенностях их цветовых ритмов.

Альбом, о котором пойдет речь, содержит в себе двадцать три эскиза на девятнадцати листах. Восемнадцать из них выполнены гуашью и карандашом и только два – просто карандашные рисунки. На большинстве листов размещено по одной беспредметной композиции, на трех же листах – аналогичных композиций по две на каждом, а на одном листе – по одной с каждой стороны.

Надо сказать сразу: альбом этот – уникальное собрание произведений художника. Уникальность его даже не столько в том, что каждый из листов сам по себе наделен высокими художественными достоинствами, сколько – в ансамбле этих листов, позволяющем ощутить и осознать круг пластических идей, занимавших Экстер в определенный период. Более того: листы альбома, если сравнивать их друг с другом, рассматривать один за другим, дают бесценную возможность проследить формирование изобразительной лексики Экстер, распознать в ней устойчивые фразы, равно как и то, как сам художник наделял эти фразы новым содержанием, как смещались и менялись в них интонации и акценты. И, наконец, как весь контекст сложившихся пластических высказываний преображался в зависимости от активности новых интонаций и энергии новых акцентов.

Сразу же следует сказать и другое: в творчестве Экстер с какого-то момента живопись маслом и живопись гуашью начинают выступать наравне, так что, в принципе, даже трудно сказать, какому материалу в дальнейшем художник отдает предпочтение. Такой момент в биографии Экстер нельзя не ощутить, у него есть точные временные координаты: это 1916 год и это эскизы к „Фамире Кифареду“ И. Анненского, все выполненные гуашью.

Склонная всегда к интенсивным цветовым решениям, Экстер в огромной сюите костюмных эскизов вышла, кажется, на некий предел: раскаленные вихри красок захлестывали листы, цветовая стихия не знала здесь никаких преград. Экстер играла, в первую очередь, такими категориями цвета, как его энергия и сила, его матовость или густота, его застылость или текучесть... И, конечно же, играла цветовыми контрастами и цветовыми созвучиями. Играла так вдохновенно, с такой свободой импровизации, что не будет преувеличением сказать: эскизы к „Фамире Кифареду“ обозначили собой не только приход Экстер в театр, но и решительный поворот в ее живописи.

Собственно говоря, после „Фамиры Кифареда“ живопись Экстер на долгое время, до самого конца 1920-х годов, расстается с фигуративностью. И любопытно: о неотвратимости этого расставания красноречиво свидетельствуют как раз эти эскизы театральных костюмов, которые, так сказать, вполне фигуративны, более того: как всякие театральные эскизы отмечены и конкретностью и прикладным характером. Но если всмотреться в серию этих эскизов, если задуматься о их сценическом воплощении и их жизни на подмостках, становится очевидным: Экстер менее всего (несмотря на точность деталей, подчеркнутые особенности конструкции и даже на присутствие непосредственных указаний для их исполнителей) занимал каждый костюм в отдельности, точнее, менее всего ее занимал костюм как самостоятельный образ. Художнику нужно было другое и главное: подвижный и энергичный ансамбль костюмов; цветовая масса, вырвавшаяся в пространство и – подчиняющая это пространство, пробуждающая его.

Александра Экстер
Около 1912

Alexandra Exter
Um 1912

Не случайно ведь сама сценическая пластика практически монохромна, почти нейтральна. И ничто не свидетельствует о таящейся в ней энергии, о скрытых силах, способных обнаружить в ней жизнь. По словам А. Таирова, постановщика спектакля, декорации Экстер должны были служить ритмическим каркасом действия. Так и происходило: действие вносило в пластику цвет, выливало его на поверхности форм, выплескивало, разбрызгивало, стирало его и вновь возвращало. Все здесь было готово к этому и с легкостью подчинялось неостановимым цветовым вихрям, сильным и настойчивым цветовым ритмам.

Когда сейчас рассматриваешь фотографии спектакля и эскизы к нему, то приходишь к убеждению, что именно колористические ситуации „Фамиры Кифареда", все эти струящиеся, распрямляющиеся и изгибающиеся, перекрывающие друг друга, объединяющиеся и разлетающиеся плоскости тканей подсказали Экстер многие пластические ситуации ее беспредметной живописи, особенно – гуашей.

Конечно, напомним еще раз, к беспредметности художника вел его кубофутуризм, но вот саму природу и эмоциональный тонус абстракций определял, безусловно, театр. И в альбоме „Цветовых ритмов" этого нельзя не увидеть. Многое в нем другое, чем было в 1916 году, но принципиально, что в своем существе, в своей определенности, в настойчивой повторяемости „Цветовые ритмы" берут свое начало именно там – в гуашах к „Фамире Кифареду".

Вообще о гуашах Экстер (и в особенности о цикле „Цветовых ритмов") необходимо сказать вот еще что: в каком-то смысле эти беспредметные листы являются соединяющим звеном между живописью Экстер большого стиля (то есть между принципиальными ее работами маслом) и ее театром. Здесь все дело в качестве темперамента, в широте и силе художнического высказывания. Масляная беспредметная живопись Экстер полифонична, многотемброва, какая-то даже торжественная. Все в ней – свидетельство живописной силы и живописной уверенности. В гуашах на первом плане – импровизационность, лирический порыв, дерзость попытки и радость игры. В них часто не все сказано до конца, художнику бывает достаточно одной – двух эффектных и значительных фраз, и порой даже кажется, что некая незавершенность, что ли, – она тоже входила в задачу: это ведь и на самом деле – эскизы. Они у Экстер достаточно интимны, они – ничем не скованные порывы души. Или – если вспомнить известное определение поэзии – состояние души.

Слово „поэзия" здесь сказано не случайно. И к „Цветовым ритмам" Экстер оно, действительно, относится самым непосредственным образом, хотя бы потому, что ритм – один из основополагающих признаков поэтического высказывания. Но еще и потому, что в ритмических структурах листов альбома явственны стремления к пластической самостоятельности – ничем не заглушаемой, никак не подавляемой. Здесь, думается, случай аналогичный тому, когда в поэтической речи, бывает, самое главное – ее звучание, интонационный строй, сильная мелодическая природа. Когда все остальное отходит на второй план, отступает, и с неожиданной ясностью вдруг понимаешь: „все в жизни лишь средство для ярко певучих стихов" (В. Брюсов).

Отсюда – необычная легкость рождения композиций: по всему видно, сколь минимально в этих гуашах расстояние между внезапно озарившей художника идеей и ее воплощением – таким непосредственным, таким почти рефлекторным.

И в то же время в этих гуашах – не только одна лишь идея, высказанная лаконично и в общих чертах. Эскизность, немногословность, да и незавершенность, бесспорно – но сколько в них изысканной прелести мастерства: как в легко рассчитанные ритмические контуры входит цветовая масса, как свободны и быстры экстеровские длинные мазки, вроде

Мосты Парижа. Около 1912
Холст, масло. 95 x 153,5
Частное собрание, Лондон

Pariser Brücken um 1912
Öl auf Leinwand, 95 x 153,5 cm
Privatsammlung London

бы такие непринужденные, но верные и меткие! как элегантны все цветовые пятна! как артистичны все разбеливания и все штриховки! и, наконец, как на некоторых листах возникает фон, – нужный художнику не полностью, не на всем пространстве, а как выдвинутая кулиса или слегка задернутый занавес!

Было бы неправдой утверждать, что до беспредметной живописи проблемы ритма в произведениях Экстер оказывались какими-то второстепенными или не принципиальными. Если снова вспомнить кубофутуризм художника, то как раз его стремительную эволюцию и определяло, главным образом, интенсивное нарастание ритмических структур, именно их формирование расшатывало фигуративность; ритмически организованные зоны наступали на изображение, пронизывая его настойчивыми импульсами, неумолимо требовали подчинения себе.

Собственно говоря, в живописи Экстер так и происходил выход в беспредметность: через усиления ритмического строя, через предельную динамизацию пластического мира.

И что особенно важно: ритмические отношения начинают подчинять себе цветовое содержание. То есть в абстракциях Экстер ритмические волны определяют уже не только, к примеру, пространственные планы, но и воздействуют на многие качества цвета. В тех же листах рассматриваемого нами альбома нельзя не ощутить ритмической организованности проявлений и взаимодействий таких специфических свойств цвета, как, скажем, плотность, энергия, сила, активность...

Почти на всех листах альбома – в общем-то один варьирующийся мотив: композиция объединенных, сцепленных, накладывающихся одна на другую четырехугольных плоскостей. Иногда в композицию включены цветные круги, иногда – острые треугольные формы.

Как правило, каждая композиция существует в пространстве листа совершенно самостоятельно, не нуждаясь ни в поддержке, ни в каком бы то ни было акцентировании фоном, и только в некоторых случаях (ил. VI, VIII, X и др.), как говорилось, фон едва обозначен. В принципе же, пластическая ситуация вне композиции художнику не интересна, точнее сказать, за пределами композиции ее просто нет.

Первое, что бросается в глаза: сцепление элементов сильное и напряженное, и не трудно ощутить, что полюс сил всегда расположен в центре самой композиции. Однако природа и активность полюса каждый раз разные, и, в сущности, характер, ритмические законы и энергия композиций определяются особенностями этого полюса – ничем иным.

На немногих гуашах (например, ил. I, VII) силовые векторы действуют только в двухмерном пространстве, то есть только в пределах листа: формы тонко наслаиваются друг на друга; они, соответственно, тоже двухмерные, поэтому композиция представляет собой структуру, никак не преодолевающую поверхность листа, а наоборот, существующую именно в ней.

В большинстве же „Цветовых ритмов“ все обстоит иначе: векторы сил направлены в разные стороны – вглубь и вовне листа; они энергетически структурируют уже не одну лишь плоскость, а объем. Причем структурируют его достаточно сложно и совсем не равномерно. Этой энергетической неравномерностью и играла Экстер, придумывая на каждом новом листе новую конфигурацию распределения сил.

Под действием этих сил формы изгибаются, вращаются; меняются их пропорции и углы; видно, как преображается и какому испытанию подвергается их цветовая сущность.

Иногда под действием этих сил возникают структуры очень собранные, точно спаянные, но тем не менее напряженные и такие, что, кажется, будто каждая форма остановлена насильно, не по своей воле плотно прижата к другой или втиснута в зазор между несколькими формами.

Склон берега Сены
Около 1912–1914
Холст, масло. 80,5 x 64,5
Художественный музей, Ярославль

Uferböschung an der Seine
Um 1912-14
Öl auf Leinwand, 80,5 x 64,5 cm
Kunstmuseum Jaroslawl

Иногда, наоборот, такое впечатление, что некогда очень прочные конструкции форм разламываются мощными силами: каждый элемент напряжен и словно пытается освободиться от другого – от того, что рядом.

И здесь замечательный пластический эффект: с одной стороны, как правило, вся конструкция в целом размещена в активном энергетическом поле и вовлечена, таким образом, в движение – этого нельзя не увидеть.

С другой стороны – распределение сил в этом поле таково, что одновременно с общим воздействием на всю конструкцию некоторые ее элементы подвержены действию отдельных, направленных только на эти элементы векторов сил.

Эффект абсолютно театральный. Так бывает на сцене, когда на круге расположена единая установка и когда одновременно с движением всей сценической пластики, независимо от этого движения, трансформируются отдельные ее части, фрагменты декораций. На сцене такие перемены часто служат своеобразным ритмическим камертоном спектакля или, во всяком случае, ритмически структурируют действие, акцентируют его пространственные рифмы.

Театральной природой композиций обусловлено и ощущение, что на листе воссоздан лишь один эпизод из жизни форм, что это как будто моментальный снимок, запечатлевший определенную ситуацию. И что в следующий момент все может (или даже должно) неузнаваемо измениться, стать другим. Если всмотреться в какой-либо из листов альбома „Цветовые ритмы", мы поймем его энергетическую конструкцию, но при этом мы также и убедимся: распределение сил, создавших ту или иную конструкцию, задано совсем не раз и навсегда. Наоборот, мы ощутим странную прихотливость этого распределения, таящиеся в нем готовность к изменениям и азарт игры. Цветовые аккорды активны, полнозвучны и значительны. Но именно их активность, полнозвучность и значительность внушают уверенность, что за ними должны последовать аккорды иные, – то ли варьирующие их, то ли контрастные им. Многие листы альбома в пластическом смысле продолжают и развивают друг друга. Причем, в самых разных аспектах.

На двух из листов ситуация развивается только в двух измерениях – только в плоскости. И если посмотреть на ансамбль „Цветовых ритмов" в целом, естественно сделать вывод: весь этот ансамбль есть не что иное, как преодоление двухмерности. Достаточно сравнить, скажем, листы VIII и X с листами XIX или XX, чтобы в этом убедиться. И также, чтобы убедиться в изменении ритмической природы изображения, точнее, в нарастании в изображении ритмических структур. Эти структуры нарастают и усложняются по-разному. И, наверное, в рассматриваемых гуашах наиболее впечатляет даже не то, как нарастают и усложняются ритмы линий, ограничивающих формы. (Экстер точно специально оставляет в альбоме два листа, на которых только карандашный рисунок – даже без намека на цвет; оставляет словно для того, чтобы можно было отдельно рассмотреть процесс ритмизации линий, ритмических согласований контуров форм). Наиболее впечатляют ритмические подчиненности цвета, ритмические волны, преображающие и организующие колористический строй композиций, и то, как от листа к листу по мере усиления ритмической структуры лирическая эмоциональность перерастает в живописный темперамент.

Экстер прекрасно знала и виртуозно владела пространственными свойствами цвета. В альбоме мы то и дело наблюдаем, к примеру, игру красных и синих поверхностей: вариации их колористических качеств, их интенсивности и насыщенности, приближение к их спектральной чистоте или пренебрежение ею – на одном только этом строятся изящные пространственные соотношения форм. Но и не только на этом.

Когда-то Пикассо, рассуждая о цвете и его пространстве, заметил, что, например, „Тинторетто и Греко <...> писали темперой в одной тональнос-

Мост в Севре. 1912
Холст, масло. 145 x 115
Государственный музей
украинского искусства, Киев

Brücke in Sèvres 1912
Öl auf Leinwand, 145 x 115 cm
Staatliches Museum
Ukrainischer Kunst, Kiew

ти, а под конец добавляли прозрачные и звучные лессировки, чтобы усилить контрасты. Какое-нибудь красное пятно в их картине – не основное в ней, основное – это построение картины. Уничтожьте это пятно цвета – и картина будет продолжать жить. Но у Матисса нельзя и подумать выбросить какой-нибудь план красного цвета, как бы мал он ни был, – вся картина пропадет“[3]. В „Цветовых ритмах“ Экстер „нельзя и подумать выбросить какой-нибудь план“ какого угодно цвета – рухнет, действительно, вся конструкция. Ибо план каждого цвета, хотя он и замкнут контуром формы, живет в напряжении и в ощущении расположенного рядом плана другого цвета.

Здесь замечательный эффект: при жесткой пространственной заданности конструкции (а она ведь и на самом деле задается заранее: свидетельство тому и упоминавшийся лист IX и часто преднамеренно оставленный художником свободный карандашный контур на других листах), при том, что зона того или иного цвета четко ограничена, сама цветовая материя форм – гибкая, мягкая, подвижная. Такое впечатление, что материя эта только что сотворена и еще только познает и саму форму, и ее пределы. Эластичная гибкость длинных мазков лишена агрессивности или экспрессии; линии-мазки легки и свободны, но очень чувствительны к ситуации, в которой им надлежит осуществиться. Чувствительны, в первую очередь, к царящим здесь ритмическим законам. Опять же, если сравнивать разные листы, можно увидеть, как все это происходит. Иногда цветовая материя словно вслушивается в ритм и старается откликнуться на главные его закономерности, обозначить их собой, поддержать (ил. XVI). Иногда для нее первое и главное – звучный колористический аккорд, для которого нужны далеко не все формы – только некоторые, стянутые к композиционному ядру; периферийные же остаются недоступными цвету (ил. XIII–XIV). И, наконец, те листы, где все формы конструкции заполнены цветовой материей. Где она уже свыклась с формой, ощутила ее сполна и включилась во все пространственные и ритмические взаимоотношения (ил. XIX, например).

В этих листах ритмические структуры изображения предстают во всем своем объеме значений. И он впечатляет, поскольку эти значения рождаются из множества пластических повторов, разыгранных в различных участках спектра.

Чего стоят одни только вариации серого – то мерцающего свинцовым блеском, то переходящего в голубой или матово-синий. Или красного – то почти уходящего в черный, то становящегося каким-то влажно кровавым или даже непроницаемо коричневым.

Каждый цвет у Экстер пульсирует, дышит бесчисленными оттенками: широкая шкала разбеливания или, наоборот, добавления черного рождает все новые и новые колористические созвучия.

Экстер прекрасно знала: от того, какая поверхность – и по размеру и по своей форме – отдана тому или иному цвету, зависит выразительность и сила цветового аккорда.

В листах альбома представлен широкий набор вариаций: аккорды иногда взяты уверенно и сразу; иногда же – они не столько даже аккорды, сколько энергичные цветовые арпеджио: аккорд как будто подбирается, ищется, проверяет себя.

Наши ассоциации не случайны: как в любой музыкальной фразе арпеджио, начинаемое с нижнего тона, стремится к верхнему, так и в „Цветовых ритмах“ почти всегда присутствуют зоны черного и также почти всегда есть формы белого.

Что касается черного, то этот цвет, в определенном смысле, можно считать опознавательным знаком живописи Экстер. Он, как правило, употребляется наравне с другими цветами – синим, зеленым или красным, но дело даже не в этом.

Генуя (Композиция). 1912
Холст, масло. 115,5 x 86,5
Частное собрание, Швейцария

Genua (Komposition) 1912
Öl auf Leinwand. 115,5 x 86,5 cm
Privatsammlung Schweiz

Экстер умела в черном цвете поразительным образом открывать поистине его безграничные колористические возможности: его глубину и таинственность, его бесплотность и массу, его активность и его нейтральность; черный цвет в ее масляной живописи всегда был сопряжен с самыми разными фактурами, даже в гуашах этот цвет на каждом листе предстает в каком-то новом проявлении, тоже, кажется, фактурном.

Непроизвольно вспоминается Эдуард Мане: светящийся черный бархат куртки одного из его героев, сверкание черных шелковых поясов или воздушность его черных вуалей. Но у Мане все эти качества черного виртуозно, с ошеломляющей неожиданностью передавали подлинность реальных фактур, акцентировали их. У Экстер все эти качества выступают именно как качества цвета – ни с чем не связанного, ничем не обусловленного. Цвета – открывающего себя в этих проявлениях, только себя самого.

У Р.-М. Рильке есть точное наблюдение по поводу черного цвета у Сезанна: „... черное применяется как цвет, а не как его противоположность, и его цветовое присутствие отразилось везде...“[4]

Сказанное слово в слово можно повторить в нашем разговоре[5]. Черное в гуашах Экстер своим присутствием словно помогает ощутить качества других цветов, их состояние и жизнь.

Имеются в виду совсем не цветовые сближения и совсем не те случаи, когда один какой-то цвет сгущается и постепенно уходит почти что в черный. Это не самое главное. Важнее то, когда зона черного соседствует с зонами, скажем, голубого или желтого. Тогда голубой становится струящимся, подвижным, зыбким, точно рождающимся на глазах. Желтый же, наоборот, застывает, останавливается, оказывается глухим. И так далее.

Несколько иначе все обстоит с зонами белого. Он у Экстер на разных листах наделен и разной плотностью и разной массой, часто бывает лишь обозначен, дан всего только несколькими штрихами – мазками. Но там, где белому полностью отданы замкнутые поверхности, чрезвычайно интересна его жизнь: он словно вслушивается в звучание плоскостей других цветов и, такое впечатление, что, покорный их звучанию, преображается. Принципиально, что все такие преображения абсолютно не материального порядка: нет и намека ни на какие ассоциации с фактурами, как и вообще ни на какие аналогии с реальностью. Нет у белого цвета и стремления быть на - равных с другими цветами.

Роль белых форм в конструкциях Экстер подчеркнуто не индивидуальная, а прежде всего – служебная, служащая „цветовой индивидуальности“, расположенной рядом. Белые формы входят в конструкцию не столько как ее части, сколько как некие элементы, проявляющие конструктивные особенности элементов других, да в общем-то и всей конструкции в целом. Своего рода это цветовые разрывы, возникающие там, где цветовая ситуация усложнена и где такая усложненность не должна погаснуть. Где особенно важны пусть даже не колористические кульминации, но колористические тонкости, особый пластический ход.

Характерно, что белые плоскости в большинстве композиций непосредственно соседствуют с зонами черного или серого (ил. VI, XIX), а порою буквально вторгаются на территорию черного (ил. XVII). И это объяснимо: именно такой разрыв акцентирует цветовую энергию конструкции, не дает ей рассеяться.

Если конструктивные и ритмические акценты сдвинуты к периферии листа, то зоны белого берут на себя роль фона, подающего и выделяющего эти акценты (ил. VI).

В пространственно завершенных и полностью пространственно самостоятельных композициях (ил. XVIII, XIX) белый цвет, в принципе, не присутствует, или, лучше сказать, ему не отданы поверхности целиком, и существует он лишь в виде неких рудиментов, преодолеваемых формой. В этих случаях особенно выразительно безостановочное движение всей кон-

Генуя (Композиция). 1912
Холст, масло. 115,5 x 86,5
Музей Людвига, Кельн

Genua (Komposition) 1912
Öl auf Leinwand, 115,5 x 86,5 cm
Museum Ludwig, Köln

Натюрморт. 1913
Холст, масло, темпера,
коллаж
68 x 53
Государственная Третьяковская
галерея, Москва

Stilleben 1913
Öl, Tempera und Collage
auf Leinwand, 68 x 53 cm
Staatliche Tretjakow Galerie
Moskau

струкции, и немногие белые участки воспринимаются случайными световыми рефлексами или эффектами отражения поверхности.

Среди листов альбома для нашего разговора крайне важны два – V и VI. На них – эскизы едва намечены, только начаты. Скомпонованные карандашные контуры почти не заполнены цветом. Но едва обозначенные белые формы здесь явно утверждают свою самостоятельность и свое равноправие с зарождающимися формами другого цвета. И если рассматривать эти листы в ряду других, становится совершенно очевидно: по мере усложнения цветового строя конструкции белый цвет в ней расстается со своей самостоятельностью, все более и более становится служебным. И еще: по мере развития пространственности белые формы становятся все более ровно окрашенными, недоступными никаким рефлексам, никаким цветовым оттенкам. В тех редких случаях (ил. I, XVII), когда в белые формы весьма деликатно введен другой цвет (в основном – голубой, серо-голубой), форма воспринимается не качественно белой, но всего лишь нейтральной территорией, где зарождается тот или иной хроматический цвет. Снова вспоминается Р.-М. Рильке, увидевший, что у Сезанна, „кажется, каждая точка картины знает обо всех остальных“[6]. Как никакой другой жизнь цвета в гуашах Экстер может быть описана этой фразой поэта. Причем, в самых разных аспектах.

Взять, к примеру, только то, как нанесен красочный слой. Возможности гуаши (техники, не наделенной слишком широкими фактурными проявлениями) кажутся у Экстер безграничными. Разыгрывается огромный диапазон состояний: цвет как будто выливается на поверхность, стремительно стекает с нее, движется, бьется, дрожит; или – становится аморфным и неподвижным, спокойным, вроде бы совсем безразличным к форме, не диктующим ей никаких условий; или – оказывается густым, непроницаемым, тяжелым, давящим на форму и подчиняющим ее себе. И, добавим, диапазон этот разыгрывается на территории одного (и почти каждого) листа, в пределах одной композиции. Сказанное в равной мере относится и к тем листам, где цветовой регистр охватывает собой чуть ли не весь спектр, и к тем, где он сравнительно узок.

На XVII листе композиция строится, главным образом, из форм различно трактованного синего: от самого темного, уходящего в черный, до прозрачно- голубого. Колористическая обусловленность малейшего сгустка живописной материи, любого первичного мазка, обусловленность и той „каждой точкой“, что рядом, и всей структурой в целом читаются здесь особенно ясно и неопровержимо.

Один и тот же, в сущности, цветовой смысл, но интонируемый все время иначе, умножается, нарастает, усиливается. И вся композиция оказывается целостным комплексом цветовых звучаний, где, как в музыке, абсолютно все – от первого прозвучавшего тона до последнего – едино и каждый тон „знает обо всех остальных“.

Натюрморт с бутылкой и бокалом
Конец 1913
Холст, масло, темпера,
коллаж. 68 x 53
Собрание Тиссен-Борнемиса
Мадрид

Stilleben mit Flasche und Glas
Ende 1913
Öl, Tempera und Collage
auf Leinwand, 68 x 53 cm
Sammlung Thyssen-Bornemisza
Madrid

APLEX
bestes Cigarettenpapier der Welt
mit hohem Tabakgehalt
avoir consulté X.Y.Z
BIJOUX
DUNES
MUNCHNER
NACHRICHTEN
Forman

Безусловно, если что и было наиболее характерной и никогда не угасавшей особенностью живописного мира Экстер, так это – открытая и сильная красочная полифония. Случаи, когда художнику доводилось обходиться немногими сближенными цветами, достаточно редки. Но мы преднамеренно обратили внимание на XVII лист, на показательный пример ограниченного цветового регистра, чтобы подчеркнуть: Экстер даже в такой сдержанной колористической ситуации цвет понимала как образ. Как образ, наделенный сложной и разработанной драматургией. Обладающий своим пластическим движением, кульминациями и развязками, своими собственными поворотами фабулы.

Если вдуматься, то слова Р.-М. Рильке о каждой точке картины, знающей обо всех остальных, именно об этом: о драматургии цветового строя. О взаимообусловленности, соподчиненности, о переплетениях, притяжениях и отталкиваниях линий цветового сюжета. О драматургическом единстве цветовой фабулы картины. И еще – о диалоге цветовых образов.

В альбоме гуашей колористические диалоги разработаны до мельчайших нюансов и так, что в цветовом многоголосии не теряется ни одна мелодия, ни одна интонация. Можно увидеть, – например, на VIII листе, – как прорывающимся сквозь черное сине-фиолетовым мазкам отвечают светло-сиреневые и розовые. И не просто отвечают: прозвучавшее в одной цветовой зоне варьируется в другой; диалог исполнен игры и фантазии, интенсивных реакций, настойчивых повторов. Одновременное звучание различных колористических тем – или различных вариаций этих тем – рождает сложное взаимопроникающее цветовое единство.

И, возможно, наиболее впечатляющий эффект – самое рождение этого единства. В том-то и дело, что в гуаши Экстер следует всматриваться долго и внимательно. Постепенно постигать диалоги цветов, вникать в нюансы их речи, различать в них главное и сказанное между прочим, словно в ответ на такое же другое неглавное высказывание.

Пластический мотив обнаруживает себя сразу только лишь в общих чертах. Нужно „вслушаться“ в многоголосие цветов, привыкнуть к нему и только тогда можно со всей ясностью различить мелодию, подчиняющую себе весь цветовой мир произведения. И только тогда становится очевидным смысл всех цветовых интонаций и всех отдельных цветовых фраз. И оказывается отчетливой реальность стремительных ритмических волн. Кстати, энергия их отнюдь не подавляет единую цветовую мелодию, прорывающуюся сквозь их накаты и торжествующе выходящую на первый план.

Поступь цветовой мелодии читается в гуашах как волевое преодоление, как радостная игра сил.

Иногда ловишь себя на ощущении, что Экстер излишне серьезна и излишне обстоятельна в этих листах: правда, ведь они – всего лишь эскизы, наброски, не претендующие на большее. Плюс ко всему они еще и подчеркнуто экспериментальные – некие повторяющиеся попытки и пробы. Но таким художником была Экстер: ничего она не делала приблизительно и вчерне. И потому, если когда и доводилось ей заниматься работой подготовительной, чисто лабораторной, для себя, всегда ощущалось, что такая работа состоит в родстве с произведениями большого стиля, неотделима от них. Об этом мы скажем дальше, сейчас же вспомним: в конце 1916 года Экстер для футуристического издательства „Центрифуга“ подготовила альбом гуашей под названием „Разрыв. Движение. Вес“. Альбом не был издан. Но, вглядываясь в наш альбом, непроизвольно задумываешься: возможно, тот – неизданный – состоял из аналогичных листов... Во всяком случае, круг пластических идей, занимавших Экстер в это время (конец 1916–1918), известен. И проблемы цветовых разрывов, цветового движения, массы и веса цвета – едва ли не центральные в этом круге. Из уже сказанного, наверное, понятно, что они – главные и в нашем альбоме.

Когда-то Макс Дворжак писал по поводу совсем другой живописи совсем другого времени: „Движущая сила – исконная энергия цвета – воспринимается художником как нечто большее, чем просто колористическая „приправа“ или же средство фиксации чувственного восприятия: она словно бы превращается в духовный флюид, в самостоятельный фактор, могущий к тому же изолированно, вне всякой зависимости от линейно-пластической композиции вызвать то духовное сопереживание, которое является отличительной чертой современного искусства... Цвет <...> вибрирует в этих произведениях словно одухотворенное бытие...“[7]

Если попробовать определить главную особенность цветовой ткани живописи Экстер (и совсем не только гуашевой), то приходишь к выводу, что она - в „исконной энергии цвета“, в цвете, наделенном мощной „движущей силой“. Что сама эта ткань пребывает в непрерывном обновлении и развитии. Отчасти об этом уже говорилось, но стоит еще раз подчеркнуть: „движущая сила цвета“ у Экстер дает о себе знать во всем: во взаимном влиянии красок друг на друга, во вспыхивающих и гаснущих контрастах, в тех интервалах и замедлениях, что позволяют установить плавный переход между цветами. И еще в том, что цвет у Экстер – композиционный фактор.

В нашем альбоме как раз и можно все это увидеть очень наглядно. Особенно наглядно потому, что листы альбома естественно складываются в серию. Строго говоря, понимание во всей полноте особенностей цветовой ткани живописи Экстер и приходит в результате осознания всей серии, – если каждый лист трактовать как развитие и продолжение предыдущего.

Безусловно, нет смысла отрицать художественной самостоятельности каждого из листов, любой из них читается достаточно ясно и вне серии, – тем более, что многие из них на самом деле оказались эскизами к произведениям большого стиля. Но подход к альбому как к серии позволяет убедиться очень во многом, прежде всего – различить повторяющиеся пластические идиомы и в их стабильности распознать подлинный голос художника.

И если действительно подходить к альбому гуашей как к серии, то тогда живописная ткань каждого из эскизов обнаруживает, если так можно сказать, свою тематичность или просто единую и общую для всех эскизов тему. Тема же – понятие логическое, это мысль, предполагающая свое осуществление, подтверждение и развитие. И, по мысли И. Стравинского, абсолютно применимой к нашему случаю, требующая своего дальнейшего обсуждения.

Собственно, все варианты композиций, наличествующие в альбоме, их логика и движение – не что иное, как воплощение и осуществление темы. Темы, возникающей на каждом из листов как комплекс колористических интонаций, но комплекс, рассчитывающий на дальнейшее развертывание.

Надо полагать, что сама серия эскизов возникла в художническом сознании Экстер в совершенно определенно увиденном пластическом рисунке, в ясно услышанной пластической мелодии – именно как тема в широком смысле этого слова. Отдельные же листы – не только, как говорилось, развитие темы, но еще и трактовка ее. Чаще всего мы видим следующие друг за другом логические видоизменения темы. Однако нередки случаи, когда эскиз обращается только к какому-то фрагменту, деривату темы, и он разрастается до масштабов самостоятельного тематического образования, хотя, безусловно, и в таких случаях ощущается единый тематический источник.

Однако, вернемся к разговору о цвете. Особенности композиционных структур эскизов (или особенности трансформаций этих структур, их переходов, развития, наконец, от листа к листу) объясняются качеством, которое Экстер задает буквально на первом листе. Наверное, точнее всего его было бы назвать движущейся звучностью.

В каждой из форм любой композиции из серии „Цветовых ритмов“ мы видим своеобразное струение цвета, отчетливо различаем потоки цветовых струй. При первом взгляде кажется даже, что такие струения разновременны и аритмичны. Всмотревшись и ощутив композицию как целое, оказываешься перед реальностью потока цветовых звучностей. Потока, сопровождающегося не просто сплошным цветовым гулом, но такого где постоянно рождаются и гаснут цветовые созвучия, где то и дело на первый план выходит главная колористическая мелодия, поддерживаемая изменчивым аккомпанементом, где в какой-то момент, действительно, цветовые высоты и интервалы кажутся неразличимыми, и вся композиция воспринимается как единая цветовая звучность.

Всматриваясь в гуаши Экстер, постоянно ловишь себя на ощущении, что художник умело манипулирует вниманием зрителя, направляя его то на главную цветовую мелодию, то на ритм, его волны, нагнетания и ослабления, то на изощренную подвижность цветовых интонаций, на синкопы цвета, на разрывы цветовой ткани и, наоборот, на участки, где она абсолютно прочна и не может быть нарушена никогда.

Художник словно требует увидеть все это отдельно, по очереди, одно за другим ощутить и понять каждое из таких проявлений живописной ткани, чтобы убедиться: цвет здесь действительно композиционный фактор, и только логикой его существования обусловлено рождение композиции – „замкнутого в самом себе живописного организма“ (Н. Тарабукин).

Продолжая разговор о „Цветовых ритмах“, нельзя не вспомнить об обстоятельстве, многие годы (если не всегда) в значительной мере определявшем искания их автора. Это – непрекращавшийся долгое время ее диалог с Фернаном Леже. В нем было много аспектов, нам сейчас важен один, связанный с живописной и графической серией Леже „Контрасты форм“ (1913–1914).

Менее всего Экстер были свойственны прямые заимствования, не умела она и растворяться в системе другого мастера, гипнотически повторять открытое другими. Присутствие „Контрастов форм“ Леже в ее живописи дает о себе знать совсем не в виде цитат или проверенных ходов, а как импульс, как инспирация, как начальный принцип пластических размышлений, наконец.

„Стремясь достигнуть состояния пластической напряженности, я применяю закон контрастов, который вечен как средство отражения жизни. Я сопоставляю валеры, линии и противоречивые цвета. Я противопоставляю кривые – прямым, поверхности плоскостные – поверхностям моделированным, тона в оттенках – тонам локальным“[8].

Эти слова Леже Экстер могла бы полностью отнести к своей живописи, она подтверждает их во всем. За одним только исключением, и оно – в глаголе: Экстер никогда не сказала бы: „я применяю закон контрастов...“ Сказала бы совсем иначе: „Я ищу закон контрастов...“

И не только сказала бы. Подтверждений этому „я ищу“ в ее искусстве более чем достаточно. В сущности, аналогичным образом все обстояло еще с кубизмом. Ему она не училась настойчиво и впрямую ни у кого из парижских мэтров. Все видела, всему внимала, со всеми была знакома, но – искала свой собственный путь. И нашла: именно в кубизме Экстер впервые обрела себя как художника, ее индивидуальность раскрылась в нем мощно и уверенно. Все, что ни делала она потом, будет связано с ее кубистической живописью, из нее исходить, от нее отталкиваться. И может быть беспредметные работы Экстер исполнены такой изысканной маэстрии и такой вдохновенной свободы потому, что они вплотную примыкают к произведениям кубистическим, если угодно. Потому что они вызревали в кубизме. Потому что к абстракции Экстер неотвратимо вел ее кубизм – этого нельзя не увидеть и этого нельзя не понять.

Кубофутуристическая композиция (Гавань)
Около 1912–1914
Холст, масло. 129 x 200
Музей Людвига, Кельн

Kubo-Futuristische Komposition (Hafen)
Um 1912-14
Öl auf Leinwand, 129 x 200 cm
Museum Ludwig, Köln

Я. Тугендхольд писал о „западничестве“ Экстер, о французском духе ее живописи. Этому трудно возразить. Но и трудно представить себе Экстер, беззаботно следующую парижским влияниям. Ей свойственно было во всем находить логику и смысл, открывать их заново и для себя. Логика и смысл, их поиски и драматизм их обретения – абсолютно русская, типично славянская суть западничества Экстер.

Так и сейчас: логика и смысл – они не позволяли художнику принимать безоговорочно в „Контрастах форм“ эффектную и перспективную живописную систему, некий свод пластических канонов – и на том и на другом темпераментно и увлеченно настаивал Леже не только в своих произведениях, но и в своих лекциях в Академии Марии Васильевой.

Напомним: и живописная система Леже, и его теории Экстер были особенно близки. Но и к ним она искала свой собственный путь – от собственной живописи, от своего театра, от нового русского искусства вообще.

Характерно, что Экстер вступает в диалог с „Контрастами форм“ не сразу. Первые полотна серии Леже написаны во второй половине 1913 года. В живописи Экстер этого времени на них практически нет никаких реакций, они возникнут значительно позже, диалог начнет набирать силу в 1916 году. Решительным моментом окажется „Саломея“ в Камерном театре, где некоторые идеи Леже будут своеобразно транспонированы в трехмерное пространство и испытаны в движении, в динамике сценического действия. Но главное Экстер выскажет только в беспредметной живописи.

В „Контрастах форм“ у Леже один и в общем-то неизменный в многочисленных вариантах принцип: одновременные столкновения объемов и чистых тонов. Изображение то приближается к условной фигуративности, то удаляется от нее. “Закон контрастов” – действительно закон, возведенный художником между реальностью и живописным произведением; это очень сильная оптика, трансформирующая действительность в композиции элементарных объемов, сопряженных с открытыми цветами.

Все другое у Экстер: в ее абстракциях нет объемов; все пространственные конфигурации плоскостей, все изгибы и деформации поверхностей не приводят к замкнутым формам. Экстер работает не с объемом, а с массой – массой цвета.

Возвращаясь к „Цветовым ритмам“, отметим поразительные совпадения некоторых пластических ходов с аналогичными в „Контрастах форм“. И у Леже, и у Экстер плоскости разработаны почти одинаковыми текучими мазками, пространственные планы разграничены тонально, часто бросается в глаза один и тот же цветовой строй. Одной и той же геометрии и сами формы: если свернуть прямоугольники Экстер, они и станут цилиндрами и конусами Леже.

Но Экстер останавливается там, где начинает Леже. „Цветовые ритмы“ особенно показательны в этом плане. Если их рассматривать как серию, а их пластический мотив как тему, требующую своего обсуждения, то, как говорилось, формы Экстер от листа к листу стремятся расстаться со своей плоскостностью, стать пространственными. Более того: их пространственные трансформации обнаруживают явную направленность: формы закручиваются, сворачиваются, такое впечатление, что еще совсем немного – и они замкнутся, плоскость станет пространственной фигурой, ограничивающей определенный объем. Этого не происходит, но художник дает понять, что выход в пространство и стремление к объемности влечет за собой изменение цветовых особенностей формы: цвет как будто стекает к краям формы, становится менее интенсивным (ил. XVIII, XIX). То есть еще шаг, и ситуация станет такой, о какой говорил Леже: „Художник должен выбирать между контрастом в рисунке, контрастом в формах и контрастом в цвете. Применение контрастов не может быть одновременным, сильному рисунку должен соответствовать смягченный цвет и наоборот“[9].

Кубистическая обнаженная
Около 1912–1914
Холст, масло. 149 x 110
Частное собрание

Kubistischer Akt
Um 1912-14
Öl auf Leinwand, 149 x 110 cm
Privatsammlung

Экстер никогда не привлекала подчиненная роль цвета – этого не было даже в ее кубизме. Она прекрасно понимала правоту Леже и не желала во имя сильного рисунка смягчать свои цветовые рассуждения. В определенном смысле ее „Цветовым ритмам" (да и не только этой серии) можно было бы дать и второе название: „Контрасты цветов". В самом деле, в „Цветовых ритмах" мы видим множество самых разных поворотов проблемы контрастов цветов. И все эти повороты для художника одинаково важны и, думается, в равной степени принципиальны и содержательны.

Шкала цветовых контрастов в эскизах необычайно широка, причем Экстер разрабатывает, как правило, колористические противопоставления, чреватые сильным эмоциональным напряжением. Чаще всего или почти всегда присутствует в гуашах контраст красного и синего. На этом контрасте, к слову, многое строилось в живописи Пуссена – его Экстер изучала всю свою жизнь, порою просто цитировала и использовала его композиции. Этот контраст никогда не уходил и из живописи Леже.

Экстер мастерски умеет в пределах одного эскиза, на одном листе разыграть сложный и драматический сюжет взаимоотношений красного и синего. В этом сюжете есть все: и резкие открытые столкновения; и моменты разрешения цветовых противоречий при помощи тонко решенных цветовых сдвигов: красного – к фиолетовому или сиреневому, синего – к сине-зеленому или болотно-зеленому; главному колористическому конфликту часто сопутствуют дополнительные контрасты: красного и черного, синего и белого; плюс ко всему в эскизах часто есть массивы серого – они служат разным целям: в одних ситуациях обостряют контрасты, в других – примиряют.

Еще один важный момент, о нем говорилось, но другими словами: контрасты цветов в гуашах Экстер – это еще и контрасты их по тяжести и массе, по густоте и прозрачности, по светлоте и непроницаемости... Такие контрасты дополняют основной колористический конфликт, наделяют его множеством эмоциональных оттенков, вовлекают его в неожиданные сюжетные повороты.

В серии „Цветовых ритмов", – возможно потому, что это серия рабочих эскизов, подготовительных набросков, лаконично запечатленных идей, – с особой отчетливостью видно, что контрасты цветов – не просто некие случайные лабораторные эксперименты. Листы альбома свидетельствуют о большем, если не о главном: контрасты цветов – это вообще способ художественного мышления Экстер.

В 1921 году на выставке „5 x 5 = 25" Экстер покажет работы с характерными названиями „Цветовое напряжение", „Цветовой ритм", „Задачи цветовых контрастов" и, предваряя экспозицию, напишет в каталоге: „Настоящие работы являются частью общего плана опытов над цветом, частично разрешающим вопросы взаимодействия цвета, его взаимного напряжения, ритмизации и переход к цветовой конструкции, основанной на законах самого цвета".

В 1921 году живопись Экстер – это, главным образом, большая серия „Цветовых конструкций". И художнику было важно показать путь к ним, открыть „общий план опытов над цветом".

На выставке „5 x 5 = 25" стало ясно, что „план опытов над цветом" художник определил для себя давно. Во всяком случае, в период „Цветовых ритмов" он присутствовал в сознании Экстер как совершенно ясная и целенаправленная программа.

Наверное, понятно: почти все, что нами было сказано о серии „Цветовых ритмов", и есть подтверждение этой программы. Мы только не упомянули об одном моменте, он выйдет на первый план в живописи Экстер 1921 года, в нашей же серии начала его можно отчетливо различить. Это – понимание и использование цвета как конструктивного элемента.

Город. Около 1913
Холст, масло. 88,5 x 70,5
Областная картинная галерея
Вологда

Stadt
Um 1913
Öl auf Leinwand, 88,5 x 70,5 cm
Regionale Bildergalerie Wologda

Еще тогда Экстер ощутила конструктивность основных своих цветов – красного, синего, черного и белого. Еще тогда она показала, что линия может возникнуть как результат взаимодействия цветов. И что реальные элементы конструкции суть „элементы живописной формы: цвет, фактура, форма плоскостной изобразительности“[10].

В наши задачи не входит сравнительный анализ „Цветовых ритмов“ и „Цветовых конструкций“: эмансипация цветовой конструктивности в беспредметной живописи Экстер – предмет отдельного разговора. Мы хотели обратить внимание лишь на постоянство живописно-пластических убеждений художника. Постоянство даже в изменчивости, в поворотах исканий, сменах направлений. Они всегда давали о себе знать, звучавшие где-то догадками вскоре разворачивались в самостоятельную систему. Затем на какое-то время отступали, чтобы вскоре возвратиться и снова напомнить о себе.

В искусстве Экстер отчетливы периоды, ее работы естественно объединяются в циклы. Но между периодами нет разрывов, живописные серии выходят одна из другой, одна другую продолжают.

„Цветовые конструкции“ 1921 года неразрывно связаны с исканиями 1916–1918 годов: альбом гуашей „Цветовые ритмы“ – красноречивое тому подтверждение. Но между этими циклами располагается еще один – „Цветовые динамики“. К нему „Цветовые ритмы“ имеют самое непосредственное отношение: эти два цикла просто переходят один в другой, следуют друг за другом. А еще очень важно то, что многие идеи „Цветовых ритмов“ в „Цветовых динамиках“ доведены до максимума своего выражения, и, таким образом, в ином свете предстают пластические потенции „Цветовых ритмов“, не всегда может быть до конца ощутимые, если не знать их последующего развития и осуществления.

Лионелло Вентури, рассматривая поздние акварели Сезанна, отметил, что многие из них вполне могут восприниматься станковыми композициями, и трудно сказать, что за чем следовало – акварели за живописью маслом или наоборот. „Они то предшествуют картине, то появляются вслед за ней. Порой они становятся как бы генеральной репетицией, порой – возвратом, повторением, сделанным для того, чтобы продвигаться дальше. Но они всегда – некий разговор художника с самим собой“[11]. Совершенно аналогично и в случае „Цветовых ритмов“ и „Цветовых динамик“ Экстер. Вроде бы одна серия – следствие другой. Одна серия – в основном гуаши, „Цветовые динамики“ же – большие, написанные маслом картины. Но эти серии переплетены. Они, действительно, „разговор художника с самим собой“. Кажется даже, что возвраты от „Цветовых динамик“ к „Цветовым ритмам“ – совершенно естественны: в больших картинах вдруг прозвучало что-то неожиданно, обнаружилось что-то случайно, и художнику захотелось внимательно вслушаться в непредвиденно родившуюся мелодию, проверить ее, осознать и продлить.

Поэтому обе эти серии очень трудно разграничить во времени. Да и, в принципе, этого не следует делать, – рождались они почти одновременно. Более важно другое: в этих сериях, как в никаких других, очень выразительно и абсолютно наглядно нашли свое отражение главные проблемы беспредметной живописи Экстер. И о них имеет смысл сказать отдельно.

Яков Тугендхольд, один из первых исследователей творчества Александры Экстер, в своем очерке о ней писал: „Странное, волнующее впечатление производят эти „беспредметные“ работы художницы. Взор зрителя, привыкший к окружающему миру реальностей, прежде всего ищет в них человеческого содержания, аналогий или намеков на какие-либо привычные конкретные образы – и с тщетным разочарованием готов уже отвернуться от них, от этих „ничего“ не изображающих холстов. Но отвернуться уже нельзя – он уже начинает ощущать холодные и чистые, как музыка, чары этих парений и низвержений разноцветных форм среди бесконечного пространства белого холста. И взор его, повинуясь ритму и темпу художницы, послушно бродит по этим неведомым лабиринтам: влечется к тепло-горячим лимонно-оранжевым поверхностям, проваливается в интервалы и глубины, образуемые синим и черным, снова выплывает наружу и покойно скользит по блестящей, как эмаль, поверхности белого. Это не портрет, и не пейзаж, и не натюрморт, это какой-то „надгорный мир", в котором живут лишь чистые идеи живописи: идея пространства и глубины, идея равновесия и движения.

Но этот мир художницы вовсе не „башня из слоновой кости", в которой она замыкается от прекрасной земли. Наоборот, это лишь рабочая мастерская, лаборатория, где подготовляются путем долгих и мучительных поисков те самые результаты, которые нужны там внизу, в мире человеческих чувств и страстей..."[12]

Касательно „чистых идей живописи" Тугендхольд абсолютно прав: они проходят сквозь все искусство Экстер – и станковое, и театральное. Но при безусловном примате рассуждений о „пространстве и глубине", „равновесии и движении" отмеченное критиком „странное, волнующее впечатление" от беспредметных работ Экстер во многом связано с тем, что игра „чистых идей живописи" у художника никогда не оказывалась преградой впечатлениям от реальности, не подвергала сомнению необходимость обращения к ней.

Собственно говоря, нечто подобное ощутил Ги Абаск в работах Пикассо и Брака периода синтетического кубизма: несмотря на, казалось бы, полный отрыв от реальности, на то, что в своем искусстве этого времени они оперируют совсем не реальностью и даже не впечатлениями от нее, а всего лишь практически утратившими свою родословную осколками материального мира, „у них каждый план, каждое пространственное отношение обладают реалистическим смыслом"[13]. В сущности, это можно отнести и к кубистическим произведениям Экстер и к ее беспредметной живописи.

Думается, иначе и не могло быть. Сама энергия живописного мира Экстер – пусть сознательно акцентированная, пусть преднамеренно выделенная и освобожденная от нивелирующего воздействия случайных сил – в своем происхождении не вызывает сомнений. Художник так воспринимал мир реальности – в бесконечной непрерывности развития, в динамике активного взаимодействия всех ее проявлений, в напряженном диалоге линий, объемов, форм, в никогда не умолкающих взрывах цвета.

Взрывы цвета – характерная особенность письма Экстер. Им ничто не могло воспрепятствовать, ничто не в состоянии было их укротить – ни жесткая композиция, ни волевая определенность конструкции, ни строгий расчет форм. И если, скажем, у того же Пикассо форма часто абсорбирует цвет, у Экстер цвет повсюду переполняет форму, все время как бы преодолевает ее условия и законы, словно настаивая на том, что его собственные законы не менее существенны, не менее важны, чем какие-либо другие.

Такая ситуация у Экстер разрешается тем, что цвет вырывается за пределы формы, образуя отдельные пространства, независимые зоны. Впрочем, нельзя сказать, что эти цветовые зоны на самом деле совершенно независимы и никак не причастны к тому миру форм, с которым они расстались, но который рядом, совсем близко. Освободившийся цвет у Экстер – не просто пятно, не безликий выплеск, а своего рода реплика формы, ее цветовой отзвук или, точнее, цветовое отражение формы, ее инобытие.

Обо всем этом можно было бы сказать по поводу тех работ, где Экстер максимально старалась подчинить свою лексику кубистическим нормам. Однако важно обратить внимание на это именно сейчас: заложенное в природе колористических структур художника непреодолимое стремление цвета обособиться, обрести самостоятельность, не быть жестко связанным с формой, а только напоминать о ней, – такое стремление оказалось сильнее всяких канонов и норм. Оно буквально требовало своего воплощения. И в полную силу заявило о себе в беспредметной живописи.

Отметим еще один момент: сравнивая последовательно полотна Экстер 1910-х годов, нельзя не увидеть, как кубистическая фразеология, вначале уверенная и решительная, постепенно вытесняется пластическими выражениями, все более далекими от кубизма. Как конструкции форм уступают место цветовым конструкциям. Как художник удаляется от реальных объектов, углубляясь в исследование их абстрагированных элементов, их сущностей. И как стремится элементы эти предельно конкретизировать – разумеется, не в плане наглядных соответствий предметным проявлениям мира, а в живых связях с реальностью через такие категории, как материальность и сила цвета, его плотность и масса, движение и неподвижность.

Это – с одной стороны. С другой – у Экстер наряду с таким материальным пониманием цвета, которое преобладает в ее живописи, можно увидеть и другой подход: цвет порою ощущается художником как свет, а это значит – лишается своей плотности и массы, своей фактурности.

Робер Делоне утверждал: „не существует линии в понимании старых мастеров; она деформирована и сломана „световыми лучами“, соприкосновением и наложением различных световых плоскостей“[14].

Световые плоскости у Экстер редко „ломают“ линию, в общей структуре картины они подчинены тем же законам, что и цветовые зоны: аналогичным образом их ограничивает активный контур, и точно так же свету не дано „вылиться“ за его пределы.

Четко выделенные световые массивы в пластические рассуждения художника включены, надо полагать, в качестве аргумента, оттеняющего своим присутствием материальное происхождение цветовых конструкций, лишний раз подтверждающего их „реалистический смысл“.

Именно этот смысл становится особенно ясным, если сравнивать цветовые конструкции Экстер и орфическую живопись Делоне. Даже в произведениях, близких по морфологии, даже там, где художники говорят на языке одних и тех же форм, – отличия разительные.

Структуры Делоне аматериальны. Они могут внушать зрителю вполне конкретные образы, но эти образы – не реальность, а мираж, игра света, буквально всего лишь „соприкосновение и наложение световых плоскостей“.

Когда-то Н. Бердяев писал об эволюции кубизма: „Живопись погружается в глубь материи и там, в самых последних пластах, не находит уже материальности <...> переходит от тел физических к телам эфирным“[15]. У Делоне, действительно, нет физических тел, узнаваемые абрисы воистину принадлежат телам эфирным. „Я не пишу уже, – говорил художник, – ни яблоки на тарелке, ни Эйфелеву башню, ни улицы, словом, никакую реальность, я пишу только биение человеческого сердца“[16].

Экстер, кажется, больше всего пугала возможность утраты материальности. В „глубинах материи“ она ищет все новые и новые ей подтверждения. И находит, и, бережно отделяя пласт от пласта и точно выставляя каждый из них напоказ, изумляется богатству материи, неразрушимости ее, неиссякаемости. Чарующей бесконечности ее проявлений.

Об этом в живописи Экстер свидетельствует многое, если не все: то, как художник ощущает поверхность холста, как наносит на него краску, разрабатывает фактуру. Как рождается и оформляется пластическая целостность живописного мира, как накрепко спаиваются друг с другом разнородные элементы, и заявляет о себе единое и живое пространство.

В цикле „Цветовых динамик“ может быть самый сильный, требующий быть увиденным и осознанным эффект – непрекращающееся развитие, неостановимое движение материи, напряженная и явная жизнь красочного слоя.

Натюрморт с яйцами. Около 1914
Холст, масло. 88 x 70
Государственный Русский музей
Санкт-Петербург

Stilleben mit Eiern um 1914
Öl auf Leinwand, 88 x 70 cm
Staatliches Russisches Museum
Sankt Petersburg

Я
Г
Е

Пространство в „Цветовых динамиках“ у художника наделено энергией и силой. Оно – не некая данность, его нельзя описать в терминах материального мира, это – скорее поле, система силовых линий, пространство в том смысле, что сформулировал Мерло- Понти в своей „Феноменологии восприятия“: „Пространство не есть среда <...>, в которой распространяются вещи, но есть условие, вследствие которого то или иное положение вещей становится возможным“.

Так и происходит в „Цветовых динамиках“ Экстер: пространство вызывает откуда-то, притягивает, втягивает, вовлекает в себя материю. Материя подчиняется пространству или борется с ним, то уступает ему, то изо всех сил старается противостоять. Этого нельзя не заметить. Впрочем, этого нельзя не заметить вообще в беспредметной живописи Экстер – и тогда, когда пространство картины заполнено до предела, и тогда, когда в нем зияют пустоты, куда еще не втянута материя, где отсутствует красочный слой, оставлен открытым грунт.

Художник каждый раз вызывает к жизни разные пространства – подтверждений этому в цикле „Цветовых динамик“ сколько угодно. В одном пространстве царит строгое распределение сил, менее напряженные зоны чередуются с более напряженными, элементы изображения расположены почти регулярно, плотные группы их чередуются со свободными областями, разделены промежутками нетронутого кистью холста. Экстер в „Цветовых динамиках“ в равной степени интересуют и пространства с таким четким распределением энергии и совсем другие, где все прихотливо и меняется непредсказуемо, где силовые линии направлены по сложным траекториям. Есть композиции, построенные на точных и простых ритмах, в них – ясная геометрия и созвучия пропорциональных фигур, звонкая игра рифмующихся элементов. Но есть и такие, где рифмы то и дело сбиваются, не могут оформиться и прозвучать, где фигуры отталкиваются или наступают друг на друга, громоздятся вроде бы беспорядочно, перекрываются, скрываются одна за одной.

Одному пространству достаточно собрать вместе прямоугольники и ромбы, треугольники и трапеции, связать их в изящном арабеске, как будто остановить на секунду изысканный танец фигур.

Иному пространству этого мало, в нем действуют силы – агрессивные и безжалостные; их поле подвергает резким деформациям геометрию фигур: изгибаются, сдвигаются, ломаются контуры, меняются углы, порою совсем округляются. Треугольник становится здесь сегментом, квадрат – кругом, появляются какие-то зубчатые линии: поле вдавливает одну фигуру в другую, сжимает их, объединяет в причудливом силуэте.

Пространство подвергает испытанию не только геометрию фигур, оно стремится подчинить себе само существо их, материю, из которой они сотворены. Элементы изображения предстают на холсте элементами самой разной природы. И трудно сказать: на самом ли деле они обладали такими материальными отличиями, или это пространство вызвало к жизни такие разные их свойства.

Н. Пунин говорил: „... для того, чтобы понять современную картину, нужно не только ее смотреть, но, если так можно выразиться, ощупывать глазами, т.е. вершок за вершком следить за тем, как изменяется фактура и поверхность холста или скульптурного произведения, какие соображения, какие чувства вложены художником в выработку произведения“[17].

Смотреть живопись „Цветовых динамик“ следует именно так: разглядывая внимательно жизнь красочного слоя, „ощупывая глазами“ каждый его миллиметр, наблюдая все превращения, вникая во все особенности его проявлений. Они – не что иное, как свидетельства активности пространства, еще одно подтверждение „условия, вследствие которого то или иное положение вещей стало возможным“.

Стали возможными такие диспропорции цветовой массы, флуктуации ее плотности, чередования участков, покрытых вязким слоем краски, и зон, где кисть едва касалась холста. Гладких цветовых поверхностей, всюду равномерно покрытых цветом, и поверхностей бугристых, шершавых, из которых, кажется, выходит наружу краска, переполняющая контур фигуры, стремится отделиться от поверхности, оторваться от холста.

Иногда пространство как бы рассеивает материю, она „стекает" к краям фигуры, предназначенный ей контур не в силах удержать ее, остановить.

Пространство управляет интенсивностью отдельных тонов, их силой и тембром. Но главное – пространство сообщает цвету энергию, пронизывает его массивы динамическими импульсами. Об этом, собственно, и писал Тугендхольд: „Ее (Экстер. – Г. К.) композиции, даже самые абстрактные, построены на контрастах между цветами и их тонами; но эти контрасты ее изощренный взор улавливает не только в полярности „взаимодополнительных" цветов, которая определила собой живопись импрессионистов, а в совершенно новых, раньше неосознанных свойствах цвета – свойствах динамических"[18].

О цвете в композициях Экстер (в том числе или в первую очередь в „Цветовых динамиках") хочется говорить в терминах физики: о скорости его и ускорении, о разных направлениях векторов сил, о массе и так далее. И еще о том, что в пределах холста происходит постоянный обмен энергией – от одного цвета к другому; она стремительно передается по всем направлениям и, кажется, не иссякнет никогда.

Именно поэтому беспредметные композиции Экстер никогда не вызывают ощущения статичности, завершившейся ситуации, финала какого-то процесса. Наоборот: полное впечатление, что ситуации разворачиваются на глазах, ежесекундно меняются, и уследить за ними можно с трудом.

Этим, конечно, объясняется и почти гипнотическая сила абстракций Экстер: они приковывают к себе взгляд, их хочется рассматривать долго, все время открывая для себя новые и новые их проявления, от них трудно оторваться – кажется, упустишь, не увидишь что-то, что может уже и не повториться никогда.

Своей беспредметной живописи Экстер дает очень простые названия: „Абстрактное плоскостное построение" (1916), „Цветовые ритмы" (1916–1918), „Цветовые динамики" (1916–1918), „Цветовое построение" (1912), „Цветовые конструкции" (1921), „Движение цвета по конструкции" (1921). Экспериментальные, лабораторные задачи в этих работах очевидны, но менее всего они приводят к бесстрастным пластическим выводам. Хотя, на первый взгляд, абстракции Экстер тяготеют именно к формульности, к точному пластическому афоризму. Впрочем, не только на первый взгляд. О том, что автор ставил перед собой такого рода задачи, свидетельствуют те же названия.

Но Экстер не была бы Экстер, если бы сквозь строгую четкость задачи, сквозь искреннее желание подчинить свои замыслы неопровержимому расчету не прорывался ее темперамент, ее лирическое мироощущение.

Жорж Брак, вспоминая годы кубизма и те испытания, которым подвергали художника его нормы, придет к выводу: „Главное – не предмет, а новое единство, лиризм, которые заключены в выразительных средствах". Заметим: „новое единство" и „лиризм" написаны через запятую, то есть поставлено в один ряд (друг за другом, или одновременно) то, что требует ясности расчета (новое единство), и то, что этому единству противостоит (лиризм). Так было и в живописи Брака: преданность кубистическим идеям, абсолютная вера в них и – неуничтожимый, неподвластный никаким идеям и нормам лиризм. Кубистические натюрморты Брака – самая настоящая поэзия, подлинная лирика.

Экстер не записывала свои мысли об искусстве, не склонна была теоретизировать. Но сказанное Браком она, вне сомнения, могла бы повторить. И, в сущности, не раз повторяла в своей живописи.

Чем более жесткие законы она избирала, тем очевиднее становилось лирическое начало ее искусства. Чем более сложные формальные задачи ставила перед собой, тем насыщеннее поэтической информацией оказывались ее произведения.

Впрочем, так и происходит в истинной поэзии: „поэтическая информация как бы переносится с помощью информации другого рода, которой она противоположна, – познавательной, выразительной, дидактической <...> И только наличие такого „носителя“ делает возможной передачу информации поэтической. Своеобразие поэтической функции, по существу, основано на том, что она сама по-своему противоречит понятию функциональности; взятая сама по себе, она не направлена к какой-либо цели. Она может быть функцией только на фоне другой функции...“[19]

“На фоне“ жестких конструктивных решений, властной организации полотна в абстракциях Экстер звучит чистая лирическая мелодия – это так очевидно почти в каждой из „Цветовых динамик“!

Ее происхождение не вызывает сомнений. С одной стороны: это сквозь интеллектуальную веру в закономерность новой живописи и в то, что, по словам А. Родченко, она естественна, поскольку „предвидит будущее“, прорывается эмоциональная ностальгия по киевской молодости Экстер, по тем впечатлениям от украинского народного искусства, которые не покидали художника никогда.

Стоит внимательно присмотреться и можно увидеть: зубчатые фигуры напоминают характерные для крестьянских росписей разрезы чашечек цветка, изгибы узких полос – упругие линии их стеблей; треугольники, трапеции и ромбы, их углы и соотношения сторон, их пропорции и пространственные ритмы – здесь переклички с украинскими орнаментами очевидны; ну, и, конечно жизнь цвета – полнокровная, раскованная, звонкая – как будто сам строй души народного мастера был унаследован склонным все проверять алгеброй художником XX века.

Лирическая мелодия беспредметной живописи Экстер – с другой стороны – не что иное, как выражение присущего ее искусству игрового начала. О нем мы уже говорили в связи с „Цветовыми ритмами“, но напомним еще раз о том, что даже в кубистических опытах Экстер оно проявлялось с такой торжествующей зримостью, исполненное такой неукротимой карнавальности, точно бросало вызов самой системе кубизма, вступало с ней в открытое соперничество.

В беспредметных композициях все это проявилось с еще большей энергией и свободой. И никакая сила, кажется, уже не в состоянии была усмирить „в этих разного цвета и формы геометрических фигурах, вьющихся, как ленты, парящих, как аэропланы, или низвергающихся по белому холсту“[20], страсть к игре, к отчаянному, если так можно сказать здесь, лицедейству.

Не это ли в искусстве Экстер рассмотрел Александр Таиров. Не это ли подсказало режиссеру, что живопись Экстер готова сорваться с холста, устремиться в пространство, заполнить его и преобразить, готова броситься к человеку, охватить его собой, увлечь его своим движением.

Идеальной иллюстрацией ко всему сказанному является „Цветовая динамика“ из бывшего собрания Курта Бенедикта. Это произведение столь содержательно, что, в принципе, очерчивает собой тот круг проблем, что занимали Экстер в 1916–1918 годах и о которых только что шла речь.

Прежде всего обращает на себя внимание композиция работы. Очень активная и энергичная. Очень волевая и собранная, но и как будто готовая в любой момент взорваться, разлететься, заполнить своими осколками пространство вокруг.

Экстер навсегда усвоила у Пуссена страсть к отчетливости ритмического строя, к упорядоченности плоскостей и масс, страсть к выявлению в природе и мире закономерностей – пространственных и цвето-

Натюрморт. Около 1914
Холст, смешанная техника
коллаж. 66 x 61
Национальный художественный
музей Узбекистана, Ташкент

Stilleben um 1914
Mischtechnik und Collage
auf Leinwand, 66 x 61 cm
Nationales Usbekisches Kunstmuseum
Taschkent

вых. В „Цветовой динамике“ все это можно увидеть с особой убедительностью: подчеркнуто динамическое членение плоскости, активные, никогда не позволяющие о себе забыть диагонали, мощное композиционное ядро. И – буквально завораживающие, властно приковывающие к себе внимание пространственные трансформации этого ядра. Оно – в картине – расположено практически в месте пересечения двух диагоналей-доминант. И надо сказать: взаимодействие этих диагоналей – главное в композиции. Во всяком случае именно им обусловлены конфигурации форм, именно это взаимодействие как бы связывает элементы или, другими словами, определяет их место в пространстве холста, их роль в общей картине.

Вертикально-горизонтальное членение кажется выраженным значительно меньше. Или точнее: распределение форм по горизонтали почти не обращает на себя внимания, в то время как вертикальные структуры являются, конечно ничем иным, как следствием сильных диагональных процессов, поднимающих, понятно, формы вверх, но не просто по вертикали, а согласно законам диагоналей.

При явном стремлении мира „Цветовой динамики“ к плоскостности в картине различимы разные пространственные планы. Формы как бы выступают из глубины, стремятся приблизиться к поверхности картины; стараясь расположиться в одной плоскости, они подступают к ней, громоздятся друг на друга. Выход из глубины сопровождается изменением цветовых особенностей: чем ближе к поверхности, тем цвет становится интенсивнее, чище, приближается к спектральному. Чем ближе к поверхности, тем цвет все более равномерно заполняет форму, порой видно, как форма расположенная в плоскости поверхности картины, оказывается ровно залитой цветом.

Конечно, в разговоре о „Цветовых динамиках“ не обойтись без обращения к опыту супрематизма – его отзвуки налицо. Но нужно сразу сказать: любые общие идеи у Экстер всегда получали совершенно индивидуальное воплощение: так было в ее кубистической живописи; такой – очень своеобразной – была ее футуристическая фразеология; это же относится и к конструктивизму художника (французский историк искусства Жан-Клод Маркаде очень точно назвал его „романтическим“), и к пуризму. Так и на этот раз: супрематические фразы у Экстер предстают трансформированными, преображенными.

Не составляет труда заметить, что супрематические формы у Экстер подвергаются сильным испытаниям. Здесь и речи быть не может ни о каком свободном парении, формы не то что не плавают в пространстве, лишенном гравитационных сил, они – вовлечены в мощные энергетические вихри, то сопротивляются им, то подчиняются.

Можно сказать и по-другому: в „Цветовых динамиках“ мы видим ситуацию, когда в своем бесконечном плавании во вселенной супрематические формы неожиданно оказались в каком-то энергетическом кратере, и мы просто наблюдаем, как формы эти стремятся преодолеть его, вырваться из него, вернуться к своему прежнему безмятежному полету.

Понятно, что в такой ситуации все мгновенно изменилось: формы стали ориентироваться, так или иначе, но им приходится считаться с распределением сил, с полюсами этих сил, их направлением. И понятно, что пластическая ситуация сразу же обрела структурность, в картине отчетливо и явно стали читаться „верх“ и „низ“ – понятия, программно перечеркивавшиеся супрематической композицией.

Ясно и то, что пространство, пронизанное мощными энергетическими зарядами, имеет здесь свои отчетливые границы, свою совершенно четкую конфигурацию. Художник дает это понять: присутствует несколько элементов, как бы вырвавшихся за пределы энергетических полей, – черные четырехугольники.

Композиция. 1914
Холст, масло. 90,7 x 72,5
Государственная Третьяковская галерея, Москва

Komposition 1914
Öl auf Leinwand, 90,7 x 72,5 cm
Staatliche Tretjakow Galerie, Moskau

Именно они – уже совершенно не подверженные никаким воздействиям – и свидетельствуют о том, что у энергетических зон и зон, свободных от каких бы то ни было сил, есть четкие границы. И тут необходимо обратить внимание на сложность пластических и живописных задач, которые ставила перед собой Экстер: не постепенные угасания или рассеивания энергетических полей, но – резкие обрывы их, как будто на пути распространения энергии поставлены непреодолимые преграды. И не нужно специально подчеркивать, что такая энергетическая ситуация особым образом организует и ситуацию пластическую – она в этой работе Экстер предстает необычайно богатой, неожиданной, буквально завораживающей прихотливостью своих проявлений, их артистичностью, их какой-то торжествующей театральностью, карнавальностью.

„Цветовые динамики" позволяют наглядно ощутить своеобразие исканий Экстер – особенно на фоне исканий многих ее современников, художников русского авангарда. Вспоминаются беспредметные работы Любови Поповой. Но вспоминаются они, понятно, по контрасту. В „Живописных архитектониках" Поповой 1916–1918 годов само пространство, где обитают цветные плоскости, энергии практически лишено, разного рода энергией наделены сами цветные плоскости, и все строится на сложных взаимодействиях только этих плоскостей, все сдвиги, повороты, все наложения плоскостей друг на друга обусловлены их собственными взаимодействиями – вне этих плоскостей энергетического поля как бы и нет вовсе. Попова и дает это понять: ее „Живописные архитектоники" размещены, как правило, в нейтральной среде, она – в общем-то фон, его в картине бывает много, а бывает мало – не в нем дело. Все сосредоточено только в изображенных поверхностях, они – самоценны, в них – главное. Они – некий центр, вне их ничего нет.

И плоскости Поповой проявляются, выявляются, утверждают себя не в своих взаимодействиях с некоей объективно существующей средой, с неким объективно присутствующим энергетическим полем, а только вследствие взаимодействия друг с другом, в результате взаимодействия энергий, что содержатся в пределах каждой из фигур, – никак иначе.

Для Поповой в „Живописных архитектониках" мир начинается именно здесь – в месте встречи плоскостей, художнику интересно было именно это: некое начало, момент встречи элементов – ее композиции можно считать своего рода первичными строениями, фундаментом какого-то будущего сооружения, плоскости – это начальные блоки, ищущие устойчивых и прочных сочленений, ищущие друг друга, стремящиеся образовать некое устойчивое целое.

Все другое у Экстер. У нее мир – объективная реальность, где есть свои законы и правила, свой порядок. И такая же реальность те формы, что обитают в этом мире. И одно не существует без другого. Мир диктует формам и фигурам свои правила игры, и они не в состоянии их не учитывать. Другое дело, что они могут противиться этим правилам, сопротивляться, стараются их преодолеть. Но иного существования – вне этих правил – им не дано.

Как говорилось, в „Цветовых динамиках" зоны активной энергии соседствуют с зонами, где энергетическое воздействие сведено к минимуму. Но интересный эффект: пластическая ситуация у Экстер, в отличие от аналогичной в „Живописных архитектониках" Поповой, построена таким образом, что наблюдающий понимает: эта ситуация – лишь часть бесконечной картины, ее не ограничивают пределы холста, рама. Эта ситуация может быть продолжена, распространена сколь угодно далеко, практически бесконечно. И там – в бесконечности – будет вновь повторяться: энергетические кратеры будут вспыхивать то тут, то там, чередоваться со сравнительно нейтральными зонами. И то тут, то там будут мчаться навстречу этим кратерам бесчисленные формы, будут неожиданно в них преобра-

Александра Экстер
перед картинами Н. Удальцовой
на выставке „Трамвай В"
Петроград, 1915

Alexandra Exter
vor N. Udalzowas Gemälden
in der Ausstellung *Tramway W*
Petrograd 1915

71
73
74
77
72
75
78

жаться; раскаляться от сообщенной энергии, существовать на пределе своих сил и свойств и – будут стремиться вырваться из них, уйти, улететь. Но, вырвавшись и ощутив свободу, они вскоре непременно вновь окажутся во власти сил, подстерегающих их где- то рядом, излучаемых каким-то новым источником энергии. И вновь формы будут преображаться, напрягаться, вновь жить неведомой им раньше жизнью...

В заключение следует сказать: Экстер как будто готовилась к произведениям такого масштаба, как „Цветовые динамики", проверяла различные варианты и отдельные случаи. И, как наверное уже ясно, ее „Цветовые ритмы" (и наш альбом, в частности, и те, что принадлежат Карле Пеллегрини, Милан, и другие) есть не что иное, как абстрагированнные и частные случаи пластических ситуаций „Цветовых динамик". Они потому и названы так: „Цветовые ритмы". Ритм, разумеется, понятие менее широкое, чем динамика, динамика охватывает собой, включает в себя понятие ритма, само явление динамик содержит в себе возможности разных ритмов. Ритм – следствие динамики пластической ситуации, проявления его.

Примечания

1. О кубофутуризме А. Экстер см.: Guéorgui Kovalenko. "La Peinture cubo-futuriste d'Alexandra Exter". Ligeia (Paris), 1997–1998. No 21–24. P. 104–119; Коваленко Г. Ф. Александра Экстер. М., 1993.
2. Б/п. Бубновый валет // Русские ведомости. (М.), 1916. 15 ноября; Тугендхольд Я. Письмо из Москвы // Аполлон. (Пг), 1917. No 1. С. 72.
3. Матисс Анри. Статьи об искусстве. Переписка. Записи бесед. Суждения современников. М., 1993. С. 318.
4. Р.-М. Рильке в письме к Кларе Рильке от 4 ноября 1907 года. Цит. по: Р.-М. Рильке. Ворпсвреде. Огюст Роден. Письма. Стихи. М., 1971. С. 242.
5. А. Экстер и Сезанн – отдельная и большая тема. Отметим только, что свой первый приезд в Париж Экстер приурочила к открывавшейся осенью 1907 года ретроспективе Сезанна.
6. Р.-М. Рильке в письме к Кларе Рильке от 22 октября 1907 года. Указ. соч. С. 236.
7. Дворжак Макс. История итальянского искусства в эпоху Возрождения. М., 1978. Т. 2. С. 89.
8. Цит. по: Фернан Леже. Жорж Бокье. Надежда Леже (Каталог выставки), М., 1963. С. 15.
9. Там же.

Флоренция. 1914–1915
Холст, масло. 109 x 145
Государственная Третьяковская галерея, Москва

Firenze 1914-15
Öl auf Leinwand, 109 x 145 cm
Staatliche Tretjakow Galerie, Moskau

10. Тарабукин Н. Опыт теории живописи. М., 1923. С. 36
11. Venturi L. Cézanne, son art, son oevre. Paris, 1936. Vol. I. P. 275.
12. Тугендхольд Я. Александра Экстер как живописец и художник сцены. Берлин, 1922. С. 15–16.
13. Habasque Guy. Le Cubisme. Genève, 1959. P. 74.
14. Delaunay Robert. Du Cubisme â l'Art Abstrait. Paris, 1983. P. 72.
15. Бердяев Н. Пикассо // София. (М.), 1914. № 3.
16. Delaunay Robert. Op. cit. P. 67.
17. Пунин Н. Цикл лекций. Пг, 1920. С. 20–21.
18. Тугендхольд Я. Указ. соч. С. 14.
19. Славинский Я. К теории поэтического языка // Структурализм: „за" и „против". М., 1975. С. 265.
20. Тугендхольд Я. Указ. соч. С. 13–14.

Georgij Kowalenko

Alexandra Exter:
Von „Farbrhythmen" zu „Farbdynamiken"

Für Igor Minayew

Das Zündendste am Werk Alexandra Exters stellt ihre gegenstandslose Kunst dar. Man möchte annehmen, daß alles, was zuvor war, ein unweigerlicher Vorbote derselben gewesen ist. Die Künstlerin scheint sie schon immer vor Augen gehabt, sie geahnt und gefühlt zu haben. Gerade in der gegenstandslosen Kunst findet sie ihr innerstes Ich, ihre Welt, ihre wahre Freiheit.

Die Geschichte der Kunst, darin besteht kein Zweifel, stellt seit Anfang des letzten Jahrhunderts unseren Empfindungen eine offenkundige Logik entgegen, welche allgemeine Handlungsprozesse und das unweigerlich Unausweichliche betrifft. Vor dieser Logik darf man nicht die Augen verschließen; die Künstlerin war sowohl an den Vorgängen als auch an den Bewegungen der damaligen Epoche unmittelbar beteiligt. Ihre Malerei und ihr Theater sind deren Bestandteil. Würde man Alexandra Exters schöpferisches Experimentieren aus ihr ausschließen, wäre das Gesamtbild längst nicht vollständig.

Der Lebenslauf Alexandra Exters bietet nur wenig Anhaltspunkte für das Ekstatische ihres Schaffens, das Unaufhaltsame ihrer Inspiration, das Grenzenlose ihrer Phantasie und für das, was sich in ihren Bildern wie ein Feuerwerk explosionsartig manifestiert.

Weder vor noch nach diesen Bildern hat sich Alexandra Exters Farbenwelt je noch einmal so triumphierend, so entfesselt, ja, so maßlos präsentiert. Weder zuvor noch danach hat Alexandra Exters Farbpalette einen solchen Schattierungs- und Klangreichtum, etwas musikalisch so Ausgeklügeltes, gezeigt.

Beweise für diese These gibt es in Hülle und Fülle, so zum Beispiel das Album aus der Serie der „Farbrhythmen", welches wir nachfolgend genauer betrachten wollen, doch es seien noch einige allgemeine Bemerkungen vorausgeschickt.

In den Abstraktionen der Künstlerin manifestieren sich in aller Deutlichkeit ihre Genese, ihre Herkunft und ihre Quellen. Ohne Zweifel hat der Kubofuturismus Alexandra Exter zu diesen Abstraktionen hingeführt.[1] Ihr Kubofuturismus, der von seltenem Kadenztempo und erstaunlicher Intensität ist, beeindruckt durch seine malerische Meisterhaftigkeit und deutet an, daß das Wichtigste an ihm nicht irgendwelche Einzelaspekte sind, sondern das Zusammenwirken aller Aspekte. Es geht also um einen Handlungsstrang, folglich um die Energie kubofuturistischer Transformationen und deren zielstrebige und entschlossene Ausrichtung.

Der Übertritt vom Kubofuturismus in die Gegenstandslosigkeit ist nicht nur für das Lebenswerk der Künstlerin, sondern auch für die Praxis und die Schicksalswege der russischen Avantgarde schlechthin von größter Bedeutung. Nota bene: Über diese Entwicklungsphase und ihre vielschichtigen Einzelheiten und Folgen wurde noch lange nicht genügend nachgedacht. Im Zusammenhang mit der weiteren Betrachtung der „Farbrhytmen" von Alexandra Exter muß jedenfalls darauf eingegangen werden.

Freilich sollte man auch noch etwas anderes hervorheben: Die Beschäftigung mit dem Gegenstandslosen fällt bei der Künstlerin zeitlich mit dem Beginn ihrer Arbeit am Theater zusammen. Die Kritik hat auf diesen Umstand sogleich reagiert und auf die wichtigste, vom Theater herrührende Besonderheit in ihrer neuen Malerei hingewiesen. Nämlich auf die Welt der Farben, die von einer mächtigen Strömung getragen wird und erfüllt ist von betörender Bewegung.[2] Von da an trat das Theater für immer in ihr Leben,

Город ночью. 1915
Холст, масло. 88 x 71
Государственный Русский музей
Санкт-Петербург

Nächtliche Stadt 1915
Öl auf Leinwand, 88 x 71 cm
Staatliches Russisches Museum
Sankt Petersburg

der spielerische Ansatz trat noch deutlicher hervor und wurde zum bedeutendsten Faktor ihrer Malerei.

Alexandra Exter fühlte sich immer von der lebendigen und kräftigen Urgewalt der ukrainischen Volkskunst angezogen. Mit diesem Element verbindet sie die Eindeutigkeit ihrer koloristischen Vorlieben, die konstruktiven Momente ihrer Malerei bzw. ihres Bühnenbildes sowie die plastische Darstellung von Motiven. Ohne direkt Bezug darauf zu nehmen, kommen sie in sämtlichen Werken zum Ausdruck. Diese Einflüsse sind für ein ungeschultes Auge oft unmerklich, lassen sich aber mühelos von jemandem herauslesen, der beispielsweise mit der ukrainischen Bauernmalerei, mit den volkstümlichen Stickereien, der Volkstracht oder gar der ukrainischen Barockarchitektur vertraut ist.

In ihrer gegenstandslosen Malerei manifestiert sich dieser Aspekt mit ganz besonderer Kraft und Eindringlichkeit. Man kann ihn gar nicht übersehen in der Natur ihrer kompositionellen Strukturen, in deren Gesetzmäßigkeit, Energie, Entwicklung und Dynamik – vor allem aber in den „Farbrhythmen".

Das vorliegende Album, von dem im weiteren die Rede sein wird, beinhaltet 23 Entwürfe auf 19 Blättern. Eines der Blätter ist doppelseitig bemalt. Auf drei Blättern sehen wir jeweils analoge Kompositionen, jeweils zwei auf einem Blatt. 18 Blätter sind in Gouache- und Bleistift-Technik ausgeführt, zwei sind einfache Bleistiftskizzen.

Das Album stellt eine in sich einmalige Sammlung von Werken Alexandra Exters dar. Das Einzigartige liegt nicht einmal darin, daß jedes einzelne Blatt an sich schon hohe künstlerische Qualitäten besitzt, sondern vielmehr darin, daß wir hier ein Ensemble vor uns haben, das die plastischen Ideen, wie sie die Künstlerin zu einer bestimmten Zeitperiode beschäftigt haben, nachvollzieht. Wenn man die Blätter dieses Albums miteinander vergleicht, wenn man sie nacheinander Revue passieren läßt, wird sichtbar, wie sich der darstellerische Wortschatz der Künstlerin Schritt für Schritt herausgebildet hat. Wir erkennen in ihm die sprichwörtlich gewordenen plastischen Sätze und sehen, wie die Künstlerin sie mit neuen Inhalten ausfüllte, wie sie Intonationen und Akzente verlagert hat. Wir können verfolgen, wie der gesamte Kontext sich je nach Aktivität der neuen Intonationen bzw. je nach Energie neuer Akzente inhaltlich verklärt und verändert.

Gleichzeitig gilt es festzuhalten, daß bei Alexandra Exter ab einem gewissen Zeitpunkt die verschiedenen Maltechniken - sei es nun Ölmalerei oder Gouache - gleichberechtigt auftreten, so daß es nicht einfach ist zu sagen, welchem Material, welcher Technik die Künstlerin im Weiteren den Vorzug gibt. In ihrer Biographie läßt sich dieser Moment nachvollziehen, wir verfügen über genaue Zeitangaben: Es dürfte das Jahr 1916 gewesen sein, als sie die Entwürfe zu Innokenti Annenskys Bühnenstück „Thamira Khytharedes" in Gouache ausführte.

Sie fühlte sich stets zu intensiven farblichen Lösungen hingezogen. Mit der umfangreichen Serie ihrer Kostümentwürfe scheint sie sich in eine neue Dimension hineinversetzt zu haben: Die Blätter werden von glühenden Farbwirbeln durchzogen, die Naturgewalt der Farben kennt keinerlei Grenzen mehr. In erster Linie spielte Exter mit solchen Farbkategorien, als da sind: Energie der Farbe, ihre Kraft, ihre Mattigkeit oder Zähflüssigkeit, ihr erstarrter oder ihr fließender Zustand. Natürlich hat Alexandra Exter auch mit farblichen Kontrasten und Symphonien gespielt. Dies geschah mit einer derartigen Inspiration, einer derartigen Improvisationsfreiheit, daß die Behauptung überzeugt: „Thamira Khytharedes" steht nicht nur für den Beginn ihrer Theaterarbeit, sondern auch für die entscheidende Wende in ihrer Malerei.

Nach „Thamira Khytharedes" trennte sich ihre Malerei bis zum Ende der Zwanziger Jahre des letzten Jahrhunderts vom Figürlichen. Bemerkenswert ist dabei, daß gerade die Entwürfe der Bühnenkostüme das Unweigerliche dieser Abkehr bezeugen. Die Bühnenkostüme und alle Theaterentwürfe, figürlich wie sie sind, kennzeichnen ganz besonders die konkrete und handwerkliche Ausführung. Nimmt man die Reihe dieser Entwürfe genauer unter die Lupe, denkt man

Городской пейзаж (Композиция)
Около 1916
Холст, масло. 117 x 88
Музей и выставочный центр
Слободской

Stadtlandschaft (Komposition)
Um 1916
Öl auf Leinwand, 117 x 88 cm
Museum und Ausstellungszentrum
Slobodskoi

an ihre szenische Umsetzung bzw. ihr Weiterleben auf der Bühne, dann wird deutlich: Ungeachtet der Detailtreue, ungeachtet der Hervorhebung von Besonderheiten in der Konstruktion, ja, der wörtlichen Anweisungen für die Ausführenden wird deutlich, daß sich die Künstlerin nicht für das Kostüm als Einzelstück interessierte. Sie suchte vielmehr nach etwas anderem, wohl dem Wichtigsten, und zwar nach einer mobilen und energischen Gesamtheit der Kostüme, nach einer Farbmasse, die den Raum stürmt, die sich den Raum unterwirft und ihn zu neuem Leben erweckt.

Es ist sicher kein Zufall, daß die Bühnenplastik selbst monochrom, fast neutral bleibt. Nichts zeugt von eigener Energie und verborgenen Kräften, die ihrer Lebendigkeit Ausdruck verleihen würden.

Alexander Tairow, dem Regisseur des Theaterstücks, zufolge sollten die Bühnenbilder als „rhythmisches Handlungsgerippe oder -gestell" dienen. Tatsächlich hat es sich auch so abgespielt. Die Handlung brachte Farbe in die Figur, goß die Farbe über deren Oberfläche, auf der sie zerspritzte und von der sie abgewaschen in die Handlung zurückfand. Alles unterwarf sich mit Leichtigkeit den Farbwirbeln und der mächtigen und unaufhaltsam drängenden Farbrhythmik.

Betrachtet man jetzt Photos von der Aufführung dieser Inszenierung und die Entwürfe dazu, dann gelangt man zu der Überzeugung, daß es gerade die koloristischen Situationen, jene fließenden, sich aufbäumenden, sich windenden, sich gegenseitig überdeckenden, sich vereinenden und wieder auseinanderstiebenden Stoffebenen waren, die Alexandra Exter zu vielen plastischen Situationen ihrer gegenstandslosen Malerei, insbesondere zu den Gouachen, inspirierten.

Zur Gegenstandslosigkeit fand die Künstlerin durch ihren Kubofuturismus, doch Natur und die emotionale Färbung der Abstraktionen wurden zweifellos vom Theater bestimmt. In ihrem Album der „Farbrhythmen" ist dies nicht zu übersehen. Selbstverständlich ist vieles darin anders, als es bei „Thamira Khytharedes" 1916 der Fall war, doch entscheidend bleibt, daß die „Farbrhythmen" ihrem Wesen und ihrer Bestimmtheit nach hier ihren Anfang nehmen. Überhaupt gilt es im Hinblick auf ihre Gouachen, insbesondere den „Farbrhythmen"-Zyklus, folgendes festzuhalten: Die gegenstandslosen Blätter stellen gewissermaßen ein Bindeglied zwischen ihrer Malerei im größeren Stil, d. h. ihren eigentlichen Ölbildern, und ihrer Tätigkeit am Theater dar. Hier geht es um die „Qualität" des Temperaments, um die Breite und Kraft der künstlerischen Aussage. Alexandra Exters gegenstandslose Malerei in Öl erscheint polyphon, vielschichtig in ihren Klangfarben, ja, sogar feierlich. Sie zeugt von malerischer Kraft und Sicherheit. In ihren Gouachen erleben wir vordergründig zunächst Inspiration, einen lyrischen Aufschwung und kühne Experimente in spielerischer Freude. Oft ist die Aussage nicht zu Ende geführt, die Künstlerin begnügt sich mit einem oder zwei effektvollen Sätzen, ja, es entsteht zuweilen gar der Eindruck, daß das Unvollendete an ihnen Absicht war. Schließlich handelt es sich um Entwürfe! Bei Alexandra Exter fallen sie intim genug aus, es sind wahrhaftige Seelenregungen, ungebunden und von keinen Konventionen eingeschränkt. Denken wir einmal an die bekannte Definition der Poesie als „Seelenzustand". Schon das Wort „Poesie" fällt hier nicht von ungefähr. Es steht auf besonders unmittelbare Weise in direktem Bezug zu den „Farbrhythmen", allein schon deshalb, weil der Rhythmus zu den grundlegendsten Zeichen einer poetischen Aussage gehört. Aber auch, weil die rhythmischen Strukturen der Blätter von Streben nach plastischer Selbständigkeit zeugen, einer von nichts unterdrückten oder übertönten Selbständigkeit. Wir haben es hier mit einem Fall zu tun, der analog jenem der poetischen Rede ist, wo das Wichtigste der Klang, der Intonationsaufbau und die machtvolle melodische Natur ist. Mit einer Situation, in der alles andere in den Hintergrund tritt und in der man auf einmal mit unerwarteter Deutlichkeit begreift: „Alles im Leben ist nur Mittel für helltönige und farbenfrohe Verse" (Valeri Brjusow).

Эскиз плаката к спектаклю
„Фамира Кифаред"
Московский Камерный театр, 1916
Бумага, гуашь, карандаш. 100 x 70,8
Государственный центральный
театральный музей
им. А. А. Бахрушина, Москва

Plakatskizze für
„Thamira Khytharedes"
Moskauer Kammertheater, 1916
Gouache und Bleistift auf Papier
100 x 70,8 cm
Zentrales A. A. Bachruschin
Theatermuseum, Moskau

КАМЕРНЫЙ ~ ТЕАТР
ВАКХИЧЕСКАЯ·ДРАМА·И·АННЕНСКАГО
ѲАМИРА·КИѲАРЕД
ПОСТАНОВКА А·Я·ТАИРОВА
МУЗЫКА·А ФОРТЕР
ХУДОЖНИК·А·ЭКСТЕР

19 16
МОСКОВСКІЙ
КАМЕРНЫЙ
ТЕАТРЪ
Тверской бульв., д. 23.
Тел. 85-99
ПОНЕДѢЛЬНИКЪ, 21-го НОЯБРЯ.
ВАКХИЧЕСКАЯ ДРАМА
ИННОКЕНТІЯ АННЕНСКАГО
ѲАМИРА КИѲАРЭДЪ
Постановка А. Я Таирова.
Музыка А. Фортеръ.
Художникъ Александра Экстэръ.
Начало въ 8 час. вечера.
Послѣ поднятія занавѣса входъ въ зрительный залъ безусловно не допускается.
РЕПЕРТУАРЪ.
Вторникъ, 22-го Ноября. ДЕНЬ РУССКАГО АКТЕРА: „Покрывало Пьеретты".
Среда 23-го: „Сирано де-Бержеракъ".
Четвергъ, 24-го: „Покрывало Пьеретты".
Пятница, 25-го: „ѲАМИРА КИѲАРЭДЪ".
Суббота, 26-го: „Покрывало Пьеретты".
Воскресенье, 27-го: „ѲАМИРА КИѲАРЭДЪ".
Касса открыта отъ 11 ч. утра до 9 ч. веч.

Hieraus resultiert auch die unglaubliche Leichtigkeit, mit welcher Kompositionen geboren werden. Das Album verdeutlicht, wie winzig die Distanz zwischen plötzlich aufscheinender Idee und ihrer unmittelbaren Ausführung ist.

Gleichzeitig beinhalten die Gouachen beileibe nicht nur eine lakonisch und allgemein formulierte Idee. In ihnen liegt sehr viel Reiz und künstlerische Feinheit, obwohl wir es hier ohne jeden Zweifel mit einem Entwurf, mit Wortkargheit, mit etwas Unvollendetem zu tun haben. Wie einfach tritt doch die Farbmasse in diese rhythmischen Konturen von genau kalkulierter Leichtigkeit ein! Wie frei und schnell sind die langgezogenen Farbstriche, scheinbar so ungezwungen, und doch so treffsicher! Wie elegant sehen alle Farbtupfer aus! Wie artistisch vollendet ist die Verteilung der weißen Flächen und Striche! Und schließlich die Art, wie auf manchen Blättern der Hintergrund entsteht, den die Künstlerin nicht in seiner Ganzheit, nicht in der Gesamtfläche, sondern als eine vorgezogene Kulisse oder einen leicht zugezogenen Vorhang benötigt!

Bevor die Künstlerin zur gegenstandslosen Malerei kam, waren die Probleme des Rhythmus keinesfalls zweitrangig. Denken wir an ihren Kubofuturismus, dann sehen wir, daß es gerade das intensive Anwachsen der rhythmischen Strukturen war, das dessen reißende Entwicklung bestimmte. Gerade die stärker werdenden rhythmischen Strukturen erfolgten gegen das Figürliche; die rhythmisch organisierten Zonen rückten gegen die Abbildung, durchdrangen sie mit ihren beharrlichen Impulsen und verlangten unbarmherzig nach Unterwerfung.

Das war der eigentliche Weg von Alexandra Exter, über den sie zur gegenstandslosen Malerei fand, nämlich durch eine Verstärkung des rhythmischen Aufbaus und durch größtmögliche Dynamisierung der plastischen Welt. Von besonderer Wichtigkeit ist dabei, daß die rhythmischen Beziehungen den farblichen Inhalt zu überlagern beginnen. Das heißt, in den Abstraktionen bestimmen die rhythmischen Wellen nicht nur die räumlichen Dimensionen, sondern sie wirken sich auch auf viele Farbqualitäten aus. In den Blättern des uns vorliegenden Albums spüren wir unweigerlich eine rhythmische Ordnung der Erscheinungen und der wechselseitigen Relationen solcher spezifischer Farbeigenschaften, wie es etwa Dichte, Energie, Kraft oder Aktivität sind.

Nahezu auf allen Blättern des Albums erleben wir ein und dasselbe Motiv in mannigfaltigen Variationen: Es ist eine Komposition aus vereinten, ineinander verschachtelten, sich aufeinanderlegenden viereckigen Flächen. Zuweilen werden in die Kompositionen farbige Kreise eingefügt, manchmal auch spitze Dreiecksformen.

In der Regel existiert jede Komposition völlig selbständig und bedarf weder einer Unterstützung, noch irgendeiner Hintergrundbetonung. Nur in einigen Fällen (z. B. Abb.n VI, VIII und X) wird der Hintergrund schwach angedeutet. Eine plastische Formgebung außerhalb der Komposition ist für die Künstlerin uninteressant und nicht existent. Was einem sofort auffällt, ist der Zusammenhalt zwischen den Elementen. Das Ineinander-Verzahntsein ist deutlich angespannt, man bemerkt, daß der Kräftepol stets im Mittelpunkt der Gesamtkomposition angesiedelt ist. Allerdings sind Natur und Aktivität des Pols jeweils unterschiedlich; der Charakter, die rhythmischen Gesetze und die Energie der Kompositionen werden von nichts anderem als den Besonderheiten dieses Pols bestimmt.

In einigen Gouachen (z. B. auf den Abb.n I und VII) wirken die Kräftevektoren lediglich im zweidimensionalen Raum, d. h. nur innerhalb der Blattgröße selbst. Die Formen werden sensibel und schichtweise aufeinandergelegt; folglich sind sie zweidimensional, und so erhält die Komposition eine Struktur, welche die Blattoberfläche nicht bedeckt, sondern im Gegenteil in ihr lebt.

Bei den meisten „Farbrhythmen" ist dies anders: Die Kräftevektoren sind nach verschiedenen Seiten ausgerichtet - in die Tiefe und nach außen, über die Blattvorlage hinaus; sie unterteilen in energetischer Weise nicht mehr allein die Fläche, sondern auch das Volumen. Dabei gliedern sie es auf komplexe Weise,

Программа спектакля
„Фамира Кифаред"
Московский Камерный театр, 1916

Programm für
„Thamira Khytharedes"
Moskauer Kammertheater, 1916

und zwar keineswegs gleichmäßig. Diese energetische Ungleichmäßigkeit benutzte die Künstlerin als etwas Spielerisches, sie erfand für jedes Blatt eine neue Kräfteverteilung.

Unter der Einwirkung dieser Kräfte winden, verzerren und drehen sich die Formen; ihre Proportionen und Ecken verändern sich; genau ist sichtbar, wie sich ihr farblicher Gehalt verändert, sich verklärt bzw. auf welche Probe er gestellt wird.

Zuweilen entstehen unter Einwirkung dieser Kräfte sehr verdichtete, gleichsam aneinandergelötete und dennoch spannungsreiche Strukturen. Manchmal entsteht sogar der Eindruck, als sei jede Form gewaltsam aufgehalten und gegen ihren Willen an die andere gedrückt oder in einen Zwischenraum, also zwischen mehrere andere Formen, hineingezwängt.

Gelegentlich entsteht aber auch der Eindruck, daß ursprünglich sehr feste Formkonstruktionen von machtvollen Kräften auseinandergebrochen werden. Jedes Element ist angespannt und will seinen Nachbarn gleichsam loswerden.

Auch hier stellt sich ein bemerkenswert plastischer Effekt ein: Zum einen ist die gesamte Konstruktion in der Regel in ein aktives energiegeladenes Spannungsfeld eingebettet und wird von der Bewegung mitgerissen; zum anderen ist die Kräfteverteilung in diesem Feld derart, daß gleichzeitig mit der allgemeinen Einwirkung auf die Gesamtkonstruktion manche Elemente der Wirkung einzelner, nur auf diese Elemente gerichteter Kräftevektoren ausgesetzt sind.

Der Effekt ist ausschließlich auf das Theater bezogen. So etwas geschieht im Theater, wenn auf eine Drehbühne ein Aufbau montiert wird, und gleichzeitig mit der Bewegung der Bühnenplastik, jedoch unabhängig von dieser Bewegung, die Dekorationsfragmente transformiert werden.

Auf der Bühne fungieren derartige Veränderungen häufig als eine Art rhythmische Stimmgabel oder aber sie strukturieren die Handlung rhythmisch und betonen deren räumliche Kehrreime.

Auf das Theaterhafte der Kompositionen geht auch der Eindruck zurück, jedes Blatt sei lediglich eine Einzelepisode aus dem Formleben, sozusagen eine Momentaufnahme, auf der eine bestimmte Situation festgehalten wird, die sich im nächsten Augenblick bis zur Unkenntlichkeit verändern kann. Jedes beliebige Blatt aus dem Album der „Farbrhythmen" stellt sich anschaulich als energiegeladene Konstruktion dar. Die Kräfteverteilung, welche sich durch die eine oder andere Konstruktion ergibt, ist keineswegs auf immer und ewig vorgegeben. Umgekehrt können wir uns des Eindrucks nicht erwehren, daß die Kräfteverteilung willkürlich erfolgt, wir merken die darin enthaltene Bereitschaft zu Veränderungen und die Spielleidenschaft ihrer Schöpferin.

Die Farbakkorde sind aktiv und auf klangvolle Weise bedeutsam. Gerade aber dieses Aktive, Klangvolle und Bedeutsame zeugt von der Gewißheit, es müßten ihnen andere Akkorde folgen: Seien es solche, die sie variieren oder solche, die einen Kontrast zu ihnen bilden. Viele Blätter des Albums setzen sich plastisch gesehen in unterschiedlichsten Aspekten fort, und diese Weiterentwicklung betrifft die unterschiedlichsten Aspekte.

Auf zwei Blättern entwickelt sich die Situation bloß in zwei Dimensionen, also nur im Flächenmäßigen. Insgesamt besehen liegt bei den „Farbrhythmen" die Vermutung nahe, das gesamte Ensemble sei nichts anderes als der Versuch, die Zweidimensionalität zu überwinden. Es genügt, hierzu etwa die Abb.n VIII und X mit Abb.n XIX und XX zu vergleichen. Überzeugend wirkt auf uns hier die Veränderung des Rhythmus in der Darstellung, genauer gesagt, die zunehmende Darstellung rhythmischer Strukturen.

Diese Strukturen wachsen auf unterschiedliche Weise und werden immer komplexer. Bei den vorliegenden Gouachen beeindrucken nicht so sehr das Wachsen bzw. die immer komplexer werdenden Linienrhythmen, welche die Formen begrenzen. Alexandra Exter scheint ein Blatt aus dem Album mit Absicht als Bleistiftzeichnung ohne jede Farbrelevanz zu belassen, vermutlich um uns den Vorgang der Rhythmisierung der Linien zu verdeutlichen.

Цветовая динамика
Около 1916–1917
Картон, масло, темпера. 46 x 35
Частное собрание, Париж

Farbdynamik
Um 1916-17
Öl und Tempera auf Karton, 46 x 35 cm
Privatsammlung Paris

Besonders beeindrucken die rhythmische Anpassung der Farbe und die rhythmischen Wellenbewegungen, welche die koloristische Stimmung der Kompositionen verwandeln und organisieren. Je nach Steigerung der rhythmischen Struktur geht das Lyrisch-Emotionale immer mehr in ein farbenprächtiges Temperament über.

Alexandra Exter kannte und beherrschte virtuos die räumlichen Eigenschaften der Farbe. Im vorliegenden Album beobachten wir zum Beispiel immer wieder das Spiel der roten und blauen Flächen. Es sind Variationen ihrer Farbeigenschaften, ihrer Intensität und Sattheit, die Annäherung an die Reinheit des Spektrums oder aber eine Absage an diese; allein darauf fußen die feinen räumlichen Formbeziehungen, gleichzeitig bauen sie aber nicht nur darauf auf.

Picasso bemerkte einmal bei seinen Ausführungen über die Farbe und deren Räumlichkeit: „Tintoretto und El Greco malten mit Tempera in einer bestimmten Tonalität, und zum Schluß fügten sie durchsichtige und klangvolle Lasierungen hinzu, um die Kontrastwirkung zu verstärken. Irgendein roter Fleck in ihrem Bild - ist nicht die Hauptsache, die Hauptsache ist der Aufbau des Bildes. Wenn man diesen Farbfleck entfernt, lebt das Bild trotzdem weiter. Bei Matisse dagegen darf man nicht einmal daran denken, irgend einen roten Hintergrund, egal wie klein er auch sein mag, wegzulassen, den sonst würde das ganze Bild zugrunde gehen."[3]

Bei Alexandra Exters „Farbrhythmen" darf man „gar nicht daran denken, irgendeinen Hintergrund wegzulassen", ganz gleich um welche Farbe es sich dabei auch handeln würde. Die ganze Konstruktion bräche nämlich in sich zusammen. Jede Farbfläche lebt in Anspannung und dem Empfinden einer neben ihr angesiedelten anderen Farbfläche, auch wenn sie von Formkonturen eingeschlossen ist.

Jede Farbe pulsiert und atmet in unzähligen Schattierungen. Eine breite Skala von Weiß bis Schwarz führt zum Entstehen immer neuer koloristischer Melodien. Die Künstlerin wußte genau um die Ausdruckskraft ihres Farbakkordes, der davon abhing, welche Fläche – gemessen nach Größe und Form – einer bestimmten Farbe zur Verfügung stand. Das Album birgt eine breite Palette von Variationen. Zuweilen werden die Akkorde sicher und sofort getroffen, bisweilen sind es eigentlich nicht einmal Akkorde, sondern vielmehr energiegeladene farbliche Arpeggios. Der Akkord wird gleichsam gesucht, herausgefiltert, ausprobiert.

Schwarz läßt sich in einem gewissen Sinn als Erkennungsmarke der Künstlerin bezeichnen. Sie verwendet die Farbe in der Regel neben anderen Farben - Blau, Grün oder Rot - gleichberechtigt, aber das ist nicht das Wichtigste dabei. Alexandra Exter verstand es auf erstaunliche Weise, in der schwarzen Farbe ihre wahrhaft unendlichen koloristischen Möglichkeiten freizulegen: Das Tiefe und Mystische, das Körperlose und die Masse, das Aktive und das Neutrale an ihr. In ihren Ölbildern war Schwarz stets mit den unterschiedlichsten Fakturen vereint. Selbst in den Gouachen erscheint diese Farbe immer wieder in einer neuen fakturhaften Ausdrucksform.

Wir fühlen uns an Edouard Manet erinnert: Das leuchtende Schwarz der Jacke bei einem seiner Helden, das Aufblitzen schwarzer Samtgürtel oder die luftige Leichtigkeit eines schwarzen Schleiers. Bei Manet diente die schwarze Farbe der meisterlichen Wiedergabe dargebotener Qualitäten. Bei Alexandra Exter erscheinen diese Eigenschaften freilich nur vordergründig als Qualitäten einer an nichts gebundenen, von nichts bedingten Farbe, einer Farbe, die sich in der Darstellung nur selber entdeckt.

Rainer-Maria Rilke hat eine zutreffende Beobachtung zum Thema „Schwarz" im Werk von Cézanne gemacht: Schwarz würde als Farbe, nicht als ihre Umkehrung eingesetzt, und ihre farbliche Präsenz hätte sich überall niedergeschlagen.[4] Diese Aussage paßt wortwörtlich zu unserem Thema.[5]

Wieder kommt einem Rainer-Maria Rilke in den Sinn, der feststellte, daß bei Cézanne offensichtlich jeder Punkt im Bild über die anderen Punkte genau-

Цветовые ритмы
Около 1916–1918
Холст, масло, темпера
55 x 38
Частное собрание, Швейцария

Farbige Rhythmen
Um 1916-18
Öl und Tempera auf Leinwand
55 x 38 cm
Privatsammlung Schweiz

estens Bescheid zu wissen scheint.[6] Diese Definition des Dichters paßt wie keine andere zur Beschreibung der Farblebendigkeit des vorliegenden Albums.

Bemerkenswert ist auch die Art, wie die Farbschicht aufgetragen wurde. Die Möglichkeiten der Gouache-Technik (einer Technik, die eigentlich über keine allzu breiten Fakturmöglichkeiten verfügt) scheinen bei der Künstlerin unendlich zu sein. Eine überaus breite Palette wird ins Spiel gebracht: Die Farbe scheint sich über die Oberfläche zu ergießen und fließt in raschen Strömen ab.

Eigentlich ist es ein und derselbe farbliche Sinngehalt, der stets anders abgestimmt wird, der sich vermehrt, anschwillt und zusehends stärker wird. Die gesamte Komposition erweist sich als ein komplexes Gebilde aus Farbklängen - wie in der Musik erklingt hier alles vom ersten bis zum letzten Ton - und findet zu einer Einheit, in der jeder Ton über alle anderen Bescheid weiß.

Besonders charakteristisch für ihre Malerei ist die nie verlöschende, offene, farbliche Mehrstimmigkeit. Entsprechend selten sind die Fälle, bei denen die Künstlerin mit einer kleinen Farbpalette auskommen mußte. Mit Absicht haben wir auf Abb. XVII als ein kennzeichnendes Beispiel für ein eingeengtbegrenztes Farbregister verwiesen. Damit soll unterstrichen werden, daß selbst in einer solch zurückhaltenden koloristischen Atmosphäre Alexandra Exter die Farbe als Gestalt auffaßte. Als eine Gestalt mit einer komplexen und ausgetüftelten Dramaturgie. Diese Gestalt verfügt über ihr eigenes plastisches Sujet, besitzt eigene Bewegungen, Höhepunkte, Auflösungen und verändert sich allenthalben.

Die Worte Rainer-Maria Rilkes, wonach jeder Punkt im Bild über die anderen Punkte Bescheid weiß, drücken exakt das aus: Nämlich eine Dramaturgie des Farbaufbaus, Wechselbeziehungen, Untergeordnetsein, Verflechtungen, Anziehung bzw. Abstoßung der Linien des Farbsujets, die dramaturgische Einheit der farbigen Bildhandlung, außerdem den Dialog der Farbgestalten.

Koloristische Dialoge sind im Album bis hin zu den feinsten Nuancen derart ausgearbeitet, daß in der farblichen Mehrstimmigkeit nicht eine einzige Melodie oder Intonation verlorengeht. Bei Abb. VIII ist gut nachvollziehbar, wie die durch das Schwarz hindurchschlagenden blau-violetten Farbstriche fliederund rosafarben antworten. Es ist sogar mehr als eine Antwort, denn das in der einen Farbzone Angeklungene wird in einer anderen sogar variantenreich wiedergegeben: Somit ist der Dialog erfüllt von Spiel und Phantasie, intensiven Reaktionen und hartnäckigen Wiederholungen. Das gleichzeitige Anklingen von verschiedenen koloristischen Themen bzw. Varianten führt zu einer komplexen, sich gegenseitig durchdringenden farblichen Einheit.

Als beeindruckendster Effekt dürfte wohl die Entstehung dieser Einheit stehen. Es gilt, das Album lange und aufmerksam zu studieren; man muß sich sogar förmlich darin hineinversenken. Es gilt, die Farbdialoge langsam für sich zu erschließen, in die Nuancen ihrer Sprache einzudringen, das Wichtigste herauszuschälen und vom beiläufig Gesagten - das scheinbar als Antwort auf eine ebensolche Nebensächlichkeit zu verstehen ist - zu unterscheiden.

Das plastische Motiv manifestiert sich zunächst in nur sehr allgemeinen Zügen. Der Zuschauer muß in die Vielstimmigkeit der Farben hineinhorchen und sich an sie gewöhnen. Erst dann vermag er mit absoluter Deutlichkeit die Melodie zu erkennen, die sich die ganze Farbenwelt dieses Werkes untertan macht. Erst dann wird der Sinn aller farblichen Intonationen und der einzelnen Farbsätze offenbar. Erst dann wird die Realität der stürmisch drängenden rhythmischen Wellen deutlich. Deren Energie unterjocht keineswegs die Farbmelodie, welche sich triumphierend bis zum Vordergrund durchkämpft. Der feste Tritt der Farbmelodie liest sich in den einzelnen Blättern wie eine Willensäußerung, eine Überwindung, ja, wie ein freudiges Kräftespiel.

Zuweilen ertappt man sich bei dem Gefühl, Alexandra Exter sei in diesen Blättern viel zu ernst, viel zu behäbig. Freilich handelt es sich hier um Entwürfe, die noch den deutlichen Charakter eines Experiments tragen; es sind Versuche und Proben, die sich wiederholen. Alexandra Exter war nun einmal eine Künstlerin, die nichts beiläufig oder „ins Unreine" anzufertigen pflegte. Auch wenn sie zuweilen Vorbereitungen ausführen mußte, die nur für sie selbst bestimmt waren, merkt man, daß anscheinend ihre Arbeiten untrennbar mit ihren großen Ölbildern verbunden sind. Wir werden darauf noch zurückkommen, schon jetzt aber sei erwähnt: Ende 1916 hat die Künstlerin für den futuristischen Verlag „Die Zentrifuge" ein Album mit Gouachen unter dem Titel „Riß. Bewegung. Gewicht" (russ. Originaltitel: „Rasryw. Dwischenie. Wes") zusammengestellt. Es wurde aber nie veröffentlicht. Läßt man das vorliegende Album auf sich einwirken, kommt einem der Gedanke, daß jenes unpublizierte Album vielleicht aus ähnlichen Blättern bestand... Wir kennen die plastischen Ideen, die sie zur fraglichen Zeit (Ende 1916 bis 1918) beschäftigten. Die vorgenannten Begriffe Riß, Bewegung, Gewicht der Farbe dürften für die Künstlerin damals von zentraler Bedeutung gewesen sein. Dem Erwähnten darf der Leser richtig entnehmen, daß sie auch in unserem Album eine wichtige Position einnehmen. Der Kunsthistoriker Max Dvorzhak schrieb einmal über die italienische Renaissancemalerei: „Die bewegende Kraft, die Urenergie der Farbe, ist für den Künstler mehr als nur koloristisches Beiwerk oder Mittel zum Fixieren der gefühlsmäßigen Wahrnehmung. Sie scheint sich in ein geistiges Fluidum zu verwandeln, in einen selbständigen Faktor, der isoliert für sich, ohne jede Abhängigkeit von der linear-plastischen Komposition jenes spirituelle Miterlebnis hervorzurufen vermag, welches die moderne Kunst ausmacht ... In diesen Werken vibriert die Farbe als ein vergeistigtes Sein ...".[7]

Die Rolle der weißen Formen in Alexandra Exters Konstruktionen ist eindeutig nicht individuell, sondern in erster Linie funktional. Sie kommt jener „Farbindividualität" entgegen, die den weißen Formen am nächsten gelegen ist. Diese sind ein Bestandteil der Komposition, nicht so sehr als deren Teile, vielmehr stellen sie gewisse Elemente dar, durch welche die konstruktivistischen Besonderheiten anderer Elemente, ja, der Gesamtkonstruktion manifestiert werden. Es sind sozusagen farbliche Trennflächen bzw. trennende Zwischenräume. Sie entstehen dort, wo die koloristische Situation ins allzu Komplizierte übergeht und eine Komplexität nicht erlöschen soll. Das heißt da, wo zwar nicht koloristische Höhepunkte, aber immerhin koloristische Feinheiten, bestimmte plastische Gangarten von besonderer Bedeutung sind.

Kennzeichnend bleibt, daß bei den meisten Kompositionen weiße Flächen unmittelbar an schwarze oder graue Zonen anschließen (Abb.n VI, X und XX), ja, zuweilen in das Hoheitsgebiet des Schwarzen förmlich eindringen (Abb. XVII). Dies hat seine Erklärung: Gerade solch ein trennender Zwischenraum betont die koloristische Energie einer Konstruktion und läßt sie nicht gestreut wirken.

Sind die Akzente in Konstruktion und Rhythmus mehr an den Randbereich des Blattes gerückt, so übernehmen die Weißzonen die Rolle des Hintergrunds, welcher die Akzente anregt und sie hervorhebt (Abb. VI).

In den räumlich vollendeten, eigenständigen Kompositionen (z. B. Abb.n XVIII und XIX) ist das Weiß eigentlich nicht präsent oder, besser ausgedrückt, die Flächen sind dieser Farbe nicht völlig ausgeliefert. Es existiert lediglich in Rudimenten, welche von der Form überwunden werden. In diesen Fällen bleibt die unaufhaltsame Bewegung der Gesamtkonstruktion von besonderer Aussagekraft. Die wenigen weißen Bereiche erscheinen eher als zufällige Lichtreflexe oder Oberflächenspiegelung.

Für die Betrachtung des vorliegenden Albums kommt den Blättern Abb.n V und VI eine ganz besondere Bedeutung zu. Die Entwürfe auf ihnen sind kaum angedeutet, sie wurden nur angefangen. Die Flächen innerhalb der Bleistiftkonturen sind farblich kaum ausgefüllt. Die kaum angedeuteten weißen Formen behaupten hier offenkundig ihre Eigenständigkeit und ihre Gleichberechtigung mit den im Entstehen begriffenen andersfarbigen Formen. Betrachtet man diese Blätter in einer Reihe mit den übrigen, so wird offenbar: Je mehr die Farbpalette der Konstruktion an Komplexität gewinnt, desto mehr verläßt das Weiß seine Eigenständigkeit und gewinnt zunehmend an rein funktionalem Charakter.

Александр Таиров
режиссер Московского
Камерного театра. 1916

Alexander Tairow
Regisseur des Moskauer
Kammertheaters, 1916

Mit der sich entwickelnden Räumlichkeit werden die weißen Formen immer gleichmäßiger gefärbt und sind keinerlei Reflexen, keinerlei Farbschattierungen mehr zugänglich. In seltenen Fällen wie zum Beispiel Abb.n I und XVII, bei denen in die weißen Formen äußerst behutsam eine andere Farbe eingefügt wurde - zumeist hellblau, grau-hellblau -, wirkt die Form nicht mehr *qualitativ*-weiß, sondern nur als neutraler Bereich, in dem die eine oder andere chromatische Farbe ihren Ursprung nimmt.

Beim Versuch, Alexandra Exters koloristischem Farbgewebe - und zwar nicht nur in ihren Gouachen - ein besonderes Merkmal abzugewinnen, kommt man zu dem Schluß, daß dieses Gewebe in der „Urenergie der Farbe“ liegt, also in der Farbe, welcher eine mächtige „Bewegkraft“ innewohnt. Eben dieses Farbgewebe unterliegt einer steten Entwicklung bis hin zur Erneuerung. Zum Teil wurde schon darauf hingewiesen, doch es erscheint sinnvoll, noch einmal folgendes zu betonen: Bei der Farbe handelt es sich hier um einen Kompositionsfaktor. Die „Bewegkraft der Farbe“ meldet sich überall zu Wort - in der gegenseitigen Einwirkung der Farben, in den auflodernden und erlöschenden Kontrasten, in jenen Intervallen und Slow-downs, die einen fließenden Übergang zwischen den Farben feststellen lassen. Im vorliegenden Album erleben wir all dies sehr anschaulich, und zwar eben deshalb, weil die Gouachen auf ganz natürliche Weise eine Serie ergeben. Streng genommen bekommt man erst durch das Betrachten der gesamten Serie das volle Verständnis für das Farbgewebe bei der Künstlerin. Unabdingbar erscheint, daß jedes Blatt als Fortentwicklung des vorausgehenden anzusehen ist.

Ohne Zweifel besitzt jedes Blatt für sich künstlerische Selbständigkeit. Ein jedes liest sich auch außerhalb der Serie mit genügender Klarheit, um so mehr als viele von ihnen sich als Entwürfe zu großen Werken erwiesen haben. Doch die Betrachtung des Albums als Serie überzeugt auf vielfältige Weise. Vor allem lehrt es den Betrachter, die sich wiederholenden plastischen Idiome voneinander zu unterscheiden und aus ihrer Stabilität die unverfälschte Stimme der Künstlerin herauszuhören. Läßt man das Album als Serie gelten, zeigt das malerische Gewebe einer jeden Skizze sozusagen ihre Themenhaftigkeit oder einfach ausgedrückt: Das den Skizzen gemeinsame Thema.

Ein Thema aber ist ein Begriff aus der Logik, es ist ein Gedanke, der seine Verwirklichung, seine Bestätigung und seine Entwicklung voraussetzt und der – einer Formel von Igor Strawinsky zufolge, die auf unseren Fall durchaus zutrifft - einer weiterführenden Analyse bedarf.

Im Grunde genommen stellen sämtliche im Album vertretenen Kompositionen nichts anderes als die *Inkarnation* und die Verwirklichung eines Themas dar, eines Themas, das auf jedem der Blätter als ein komplexes Gebilde aus koloristischen Intonationen auftaucht, als ein Gebilde freilich, das nicht zu Ende geführt wurde und das einer Fortentwicklung harrt.

Es muß angenommen werden, daß die Serie in Alexandra Exters künstlerischer Vorstellungswelt in Gestalt einer ganz bestimmten plastischen Skizze entstand, die sie vor sich sah, eben als Thema im weitesten Sinne. Die einzelnen Blätter sind nicht nur sozusagen eine thematische Weiterentwicklung, sondern auch deren eigenwillige Ausarbeitung. Zumeist sehen wir tatsächlich eine Abfolge von logischen Themenvariationen. Einige Blätter behandeln jedoch ledig-

Плакат к спектаклю „Саломея“
Гастроли Московского
Камерного театра в Испании

Plakat für „Salomé“
Gastspiel des Moskauer
Kammertheaters in Spanien

Teatro Solis
МОСК. КАМЕРНЫЙ ТЕАТР
HOY
MIERCOLES
DESPEDIDA
SALOMÉ

lich irgendein Fragment, ein Derivat des Themas, bis dieses zu einer eigenständigen Figur heranwächst. Selbst in solchen Fällen ist hintergründig die thematische Quelle zu spüren.

Doch zurück zu unserem Gespräch über die Farbe. Die Besonderheiten der Kompositionsstrukturen (bzw. die transformatorischen Besonderheiten dieser Strukturen, ihrer Übergänge, ihrer Fortentwicklung von Blatt zu Blatt) erklären sich durch die Qualität, auf die sich die Künstlerin zum Beispiel schon auf dem auf Abb. I gezeigten Blatt festlegt. Am zutreffendsten wäre es wohl, dies als klangintensiv zu bezeichnen.

In jeder Form einer eigentlich beliebigen Komposition der vorliegenden „Farbrhythmen" erleben wir ein sonderbar fließendes Licht und können die Farbströme deutlich unterscheiden. Auf den ersten Blick hin mag es sogar scheinen, daß solche fließenden Ströme zeitlich verschoben und arhythmisch sind. Bei näherem Betrachten der Komposition als Ganzes erlebt man dann die Realität der strömenden koloristischen Klangintensität. Eines Stromes also, der nicht einfach von einem vollständigen koloristischen Dröhnen begleitet wird, sondern eines Stromes, in welchem farbige Melodien ständig neu entstehen bzw. verstummen. In den Vordergrund tritt die koloristische Hauptmelodie, die von einem sich verändernden Gefolge unterstützt wird. Ab einem bestimmten Zeitpunkt sind farbliche Höhen und Intervalle nicht mehr voneinander zu unterscheiden, so daß die gesamte Komposition als eine einzige koloristische Melodie aufgefaßt werden kann.

Beim Studium der Blätter kommt der Gedanke, die Künstlerin manipuliert gekonnt das Augenmerk des Zuschauers, indem sie es mal auf die farbliche Hauptmelodie, mal auf den Rhythmus, auf dessen Wellen, auf dessen Anwachsen bzw. Abschwächen ausrichtet.

Alexandra Exter scheint uns abzuverlangen, dies alles der Reihe nach getrennt zu sehen; gleichsam sollen wir jede Manifestation des malerischen Gewebes nachempfinden und begreifen, damit wir uns davon überzeugen können, daß die Farbe hier tatsächlich einen kompositionellen Faktor darstellt.

In Fortführung der Betrachtung muß der über einen langen Zeitraum geführte Dialog mit Fernand Léger berücksichtigt werden, der die kreative Suche der Künstlerin nachhaltig geprägt hat. Es gab darin eine Vielzahl von Aspekten, doch für uns bleibt nur einer relevant, nämlich jener, der mit Légers malerischer und graphischer Reihe „Contraste de formes" (1913-1914) zusammenhängt.

Direkte Entlehnungen waren für die Künstlerin nicht typisch. Fremde Entdeckungen hypnotisch zu wiederholen oder im System eines anderen Meisters aufzugehen, war für sie ein Ding der Unmöglichkeit. Die Präsenz von Légers „Contraste de formes" in ihrer Malerei meldet sich keineswegs als Zitat zu Wort, sondern vielmehr als ein Denkanstoß, als Inspiration, ja, als Urprinzip plastischer Gedankenspielerei.

„In meinem Bestreben, den Zustand einer plastischen Spannung hervorzurufen, greife ich zum Gesetz der Kontraste, einem Gesetz, das als Mittel zur Widerspiegelung des Lebens ewigen Charakter besitzt. Ich vergleiche Valenzen des Licht-Schatten-Spiels, Linien und widersprüchliche Farben. Ich setze Kurven in Opposition zu Geraden, flachgeartete Flächen zu modellierten Flächen, in Schattierungen benutzte Farbtöne zu solchen von lokalem Charakter."[8] Diese Worte Légers könnte Alexandra Exter voll und ganz auf ihre Malerei anwenden, allerdings mit einer Ausnahme, die das Verb betrifft. Sie hätte niemals gesagt: „Ich *greife* zum Gesetz der Kontraste," bei ihr würde es so lauten: „Ich *suche* nach dem Gesetz der Kontraste...".

Sie hätte es nicht nur so gesagt; Bestätigungen für „ich suche ..." finden wir in ihrem künstlerischen Schaffen mehr als genug. Eigentlich begann der Kubismus bei ihr ähnlich. Es war nicht so, daß sie den Kubismus direkt und fleißig in irgendeinem Pariser Atelier studierte. Sie, die mit den wichtigen Künstlern bekannt war, sah und hörte sich alles an, suchte aber dennoch nach einem eigenen Weg. Und den fand sie auch: Gerade im Kubismus entdeckte sich Alexandra Exter erstmals als Künstlerin, in ihm entfaltete sich ihr individueller Char-

Беспредметная композиция
Около 1916- 1917
Холст, масло, темпера
53 x 39,1
Частное собрание

Gegenstandslose Komposition
Um 1916-17
Öl und Tempera auf Leinwand
53 x 39,1 cm
Privatsammlung

Макет декорации к „Саломее"
Около 1917
Местонахождение не известно
(Предположительно не сохранился)

Bühnenmodell für „Salomé"
Um 1917
Verbleib unbekannt
(Vermutlich zerstört)

akter besonders kraftvoll und souverän. Ganz gleich, was sie später auch schuf, sie blieb der kubistischen Malerei aufs engste verknüpft. Vielleicht sind ihre herangereiften gegenstandslosen Arbeiten gerade deswegen von solch erlesener Meisterschaft und von solch inspirierendem Freiheitsdrang, weil sie so unmittelbar an das kubistische bzw. kubofuturistische Oeuvre anschließen. Der Kubismus führte sie zur Abstraktion.

Der russische Kunstwissenschaftler Jakob Tugendhold hat über das „Westlertum" von Alexandra Exter geschrieben, über den französischen Geist in ihrer Malerei. Dagegen ist schwerlich etwas einzuwenden. Ebenso schwer fällt die Vorstellung, daß die Künstlerin den Pariser Einflüssen einfach und sorglos gefolgt wäre. Sie pflegte, in allem eine Logik und einen Sinn ausfindig zu machen und alles für sich neu zu entdecken. Bei der Suche nach Logik und Sinn, dem Dramatischen im Auffinden haben wir es mit einem absolut russischen, typisch slawischen Zug im „Westlertum" von Alexandra Exter zu tun.

Logik und Sinn erlaubten der Künstlerin nicht, das im „Contraste de formes" so effektvolle und aussichtsreich definierte System, eine Art plastischen Kanon, bedingungslos zu übernehmen. Doch gerade das forderte Léger unter Einsatz seines ganzen Temperaments und seiner ganzen Begeisterungskraft. Er verlangte danach nicht nur in seinen Schriften, sondern auch in seinen Vorlesungen an der Akademie von Marie Vassilieff. Légers Theorien hinterließen bei Alexandra Exter einen tiefen Widerhall. Sie versuchte, ihren eigenen Zugang zu ihnen zu finden, wobei sie von der eigenen Malerei und der Beschäftigung mit dem Theater ausging.

Bezeichnenderweise beginnt die Künstlerin ihren Dialog mit dem „Contraste de formes" nicht sofort. Die ersten Bilder aus Légers Reihe entstanden in der zweiten Jahreshälfte 1913. In Exters Malerei aus dieser Zeit finden sich praktisch keinerlei Reaktionen darauf. Die ergaben sich erst wesentlich später, der Dialog mit ihm gewann ab 1916 an Lebhaftigkeit. Entscheidend hierfür war die Aufführung von „Salomé" im Moskauer Kammertheater, bei der einige Gedanken von Léger auf eigenwillige Weise in einen dreidimensionalen Raum transponiert und in der Bewegung, in der Dynamik der Bühnenhandlung, erprobt wurden. Das Wichtigste wird die Künstlerin aber erst in der gegenstandslosen Malerei artikulieren.

Beim „Contraste de formes" hält sich Léger an ein Prinzip, dem er eigentlich in zahllosen Variationen unverändert treu bleibt: Das Prinzip des gleichzeitigen Zusammenpralls von Dimensionen und reinen Tönen. Mal nähert sich die Darstellung einer *kausalen* Figürlichkeit, mal entfernt sie sich von ihr. Das „Gesetz der Kontraste" stellt wirklich eine Gesetzmäßigkeit dar, die der Künstler zwi-

Беспредметная композиция
Около 1917
Холст, масло. 71 x 53
Областной художественный музей
им. Ф. Коваленко, Краснодар

Gegenstandslose Komposition
Um 1917
Öl auf Leinwand, 71 x 53 cm
Regionales F. Kowalenko
Kunstmuseum, Krasnodar

schen der Realität einerseits und dem gemalten Werk andererseits aufstellt; es ist eine sehr starke Optik, welche die Wirklichkeit in Kompositionen mit elementaren Dimensionen, verbunden mit offenen Farben, verwandelt.

Bei Alexandra Exter ist alles anders: Ihre Abstraktionen kennen kein dimensionales Volumen; sämtliche räumlichen Flächenkonfigurationen, sämtliche Krümmungen und Deformationen der Oberfläche führen nicht zu geschlossenen Formen. Sie bearbeitet nicht das Volumen, sondern die Masse, eben die Farbmasse.

Kehren wir zu den „Farbrhythmen" zurück. Es fallen bei einigen plastischen Zügen erstaunliche Übereinstimmungen mit Légers „Contraste de formes" auf. Bei beiden werden Flächen durch nahezu gleiche fließende farbige Pinselstriche ausgestaltet, die Räume sind voneinander tonal abgegrenzt, auffällig ist oft ein- und dieselbe Farbskala. Auch die Figuren weisen häufig dieselben geometrische Formen auf: Rollt man Alexandra Exters Rechtecke zusammen, so verwandeln sie sich eben in Zylinder und Kegel wie bei Léger.

Die Künstlerin hält dort inne, wo Léger erst beginnt. In dieser Hinsicht sind die „Farbrhythmen" besonders kennzeichnend. Wenn man sie wiederum als eine Reihe betrachten will, ihr plastisches Motiv aber als ein Thema, das „einer gesonderten Besprechung bedarf", dann streben ihre Formen von Blatt zu Blatt und geben zunehmend ihre Flächenhaftigkeit auf, um räumlich zu werden. Mehr noch, ihre räumlichen Verwandlungen legen eine eindeutige Ausrichtung an den Tag. Die Formen winden und krümmen sich, es fehlt nicht mehr viel, bis sie sich schließen. Die Fläche könnte sich in eine räumliche Figur, die ein bestimmtes Volumen in sich abschließt, verwandeln. Zwar geschieht dies nicht, doch die Künstlerin gibt zu verstehen, daß der Eingang in das Räumliche und das Streben nach Dimensionalität eine Veränderung farblicher Besonderheiten der Form nach sich zieht: Die Farbe scheint an den Rändern der Form abzufließen und verliert an Intensität (Abb.n XVIII und XIX). Das heißt, ginge es noch einen Schritt weiter, würde die Situation zu jener, über die Léger gesagt hatte: „Ein Künstler muß zwischen dem Kontrast in der Zeichnung, dem Kontrast in den Formen und dem Kontrast in der Farbe wählen können. Das Anwenden der Kontraste kann nicht gleichzeitig erfolgen. Einer starken Zeichnung muß eine abgeschwächte, weichere Farbe entsprechen und umgekehrt." (Abb. IX)

Die Künstlerin fühlte sich von einer „untergebenen" untergeordneten Rolle der Farbe niemals angesprochen - dies fehlte sogar in ihrem Kubismus. Sie begriff nur zu gut, wie recht Léger hatte und verspürte keine Lust, um einer „starken Zeichnung" willen ihre koloristischen Gedankengänge „abzuschwächen". In einem gewissen Sinne könnte man ihren „Farbrhythmen" - und nicht nur diesem Zyklus - auch eine zweite Bezeichnung zuordnen: „Farbkontraste".

Wir sehen in den „Farbrhythmen" tatsächlich eine Vielzahl der unterschiedlichsten Formeln des Problems der Farbkontraste. Alle scheinen für die Künstlerin prinzipiell von gleich großer Bedeutung zu sein.

Die Skala der Farbkontraste ist in den Gouachen von unglaublicher Bandbreite; die Künstlerin arbeitet in der Regel an koloristischen Gegenüberstellungen, die eine stark emotionale Spannung in sich bergen. Nahezu jedesmal beinhalten die Gouachen einen Kontrast zwischen den Farben Rot und Blau. Übrigens war auf diesem Kontrast sehr viel in der Malerei von Poussain aufgebaut, einer Autorität, die sie ihr ganzes Leben lang studierte, immer wieder zitierte und dessen Kompositionen sie in ihren Werken verwendete. Derselbe Kontrast war stets auch in der Malerei Légers präsent.

Sie versteht es, auf meisterhafte Weise, innerhalb eines Entwurfes, auf einem einzigen Blatt, die komplexen und dramatischen Wechselbeziehungen von Rot und Blau auszuspielen. In einem derartigen Sujet ist alles enthalten: Sowohl harte, offene Auseinandersetzungen, als auch Auflösungen farblicher Gegensätze mit Hilfe von meisterhaft fein ausgeführten Verschiebungen: Von Rot zu Violett oder Fliederfarben, von Blau zu Blaugrün oder Sumpfgrün. Der wich-

Цветовая динамика
Около 1916–1917
Холст, масло. 89,5 x 54
Музей Людвига, Кельн

Farbdynamik um 1916-17
Öl auf Leinwand
89,5 x 54 cm
Museum Ludwig, Köln

tigste koloristische Konflikt wird oft von zusätzlichen Kontrasten begleitet: Rot und Schwarz, Blau und Weiß. Hinzu kommt, daß die Entwürfe häufig ein strenges Grau enthalten, was unterschiedlichen Zielsetzungen dient. In manchen Flächen spitzen sich die Kontraste zu, in anderen wirken sie wiederum „friedensstiftend" usw.

Wir hatten bereits von einem weiteren wichtigen Moment, wenn auch mit einer anderen Wortwahl gesprochen: Die Farbkontraste in ihren Blättern sind zugleich Kontraste von Schwere und Masse, von Dichte und Transparenz, von Helligkeit und Undurchdringlichkeit... Derartige Kontraste ergänzen den grundsätzlichen Farbkonflikt, teilen ihm eine Vielzahl von emotionellen Schattierungen mit, ziehen ihn in unerwartete Strudel des Sujets hinab.

In der Reihe der „Farbrhythmen" sieht man mit besonderer Deutlichkeit - womöglich deswegen, weil es sich um eine Serie von Arbeitsentwürfen, von lakonisch-prägnant festgehaltenen Ideen handelt -, daß die Farbkontraste nicht einfach das Ergebnis irgendwelcher Zufallsversuche sind. Die Blätter bezeugen Größeres, wenn nicht gar das Wichtigste: Die Farbkontraste stellen überhaupt das Wesen ihres künstlerischen Denkens dar.

1921 stellte die Künstlerin in der Ausstellung „5 x 5 = 25" ihre Arbeiten unter den bezeichnenden Titeln „Koloristische Spannung", „Farbrhythmus", „Das Problem der Farbkontraste" aus. Im Katalogtext schrieb sie zu ihren Exponaten: „Die vorliegenden Arbeiten bilden einen Teil meiner Gesamtkonzeption, wie Versuche mit Farben durchzuführen sind. Zum Teil werden hier Lösungsansätze in Fragen der koloristischen Wechselwirkung, der gegenseitigen Spannung der Farbe, ihrer Rhythmisierung und des Übergangs zu einer auf den Gesetzen der Farbe fußenden koloristischen Konstruktion gefunden."

1921 bestand ihre Malerei hauptsächlich aus einer großen Serie von „Farbkonstruktionen". Der Künstlerin erschien es wichtig, den Weg, der zu den „Farbkonstruktionen" führte, aufzuzeigen und dem Zuschauer die „Gesamtkonzeption der an Farben durchzuführenden Versuche" offenzulegen.

Die Ausstellung „5 x 5 = 25" zeigt deutlich, daß die Künstlerin die „Konzeption der an Farben durchzuführenden Versuche" für sich selbst längst festgelegt hatte. Jedenfalls war die Konzeption während der Entstehungszeit der „Farbrhythmen" als ein vollkommen klares und zielsicheres Programm in ihrem Bewußtsein bereits präsent.

Es dürfte nachvollziehbar sein, daß fast alles, was bislang über die Reihe der „Farbrhythmen" geschrieben wurde, genau dieses Programm belegt. Nur ein Gesichtspunkt blieb noch unerwähnt; dieser wird in ihrer Malerei aus dem Jahre 1921 in den Vordergrund treten, doch schon in der vorliegenden Reihe lassen sich seine Anfänge feststellen. Es handelt sich um die Auffassung von Licht und die Verwendung desselben als konstruktives Moment.

Schon damals begriff die Künstlerin den konstruktiven Charakter ihrer Farben Rot, Blau, Schwarz und Weiß. Bereits damals zeigte sie, daß eine Linie als Ergebnis des Zusammenwirkens der Farben entstehen kann. Und daß die reellen Konstruktionselemente zugleich „Elemente der malerischen Form sind: Farbe, Faktur, Form der flächenhaften Darstellungsfähigkeit." [10]

Eine Vergleichsanalyse der „Farbrhythmen" und der „Farbkonstruktionen" wird hier nicht angestrebt. Die Emanzipation der koloristischen Konstruktivität in ihrer Malerei wäre eine gesonderte Studie wert. Hier soll lediglich auf die Kontinuität ihrer malerisch-plastischen Überzeugungen hingewiesen werden. Auf eine Kontinuität sogar in der Veränderlichkeit, im Gewinde der kreativen Suche, im Richtungswechsel. Ihre Überzeugungen fanden immer wieder Ausdruck, auch wenn sie nur andeutungsweise zum Vorschein kamen. Kurze Zeit später breiteten sie sich zu einem eigenständigen darstellerischen System aus, um nach einer gewisse Zeit wieder zurückzuweichen und danach wieder an ihre Existenz zu erinnern.

In Alexandra Exters Kunst lassen sich einzelne Perioden deutlich unterscheiden; ihre Arbeiten kann man auf ganz natürliche Weise zu Zyklen zusammenfassen. Freilich gibt es zwischen den Perioden keine Unterbrechun-

Цветовые ритмы
Около 1916–1918
Холст, масло, темпера
45,5 x 35,5
Частное собрание, Лондон

Farbige Rhythmen
Um 1916-18
Öl und Tempera auf Leinwand
45,5 x 35,5 cm
Privatsammlung London

gen. In den malerischen Reihen tritt die eine aus der anderen hervor, jede ist die Fortsetzung einer anderen.

Die „Farbkonstruktionen" aus dem Jahre 1921 sind fest verbunden mit der künstlerischen Ausschau der Jahre 1916-1918: Eine eloquente Bestätigung für diese These liefert das vorliegende Album der „Farbrhythmen". Zwischen diesen Zyklen gibt es einen weiteren Zyklus - nämlich den der „Farbdynamiken". Die „Farbrhythmen" stehen zu ihm in direktem Bezug. In ihrer zeitlichen Aufeinanderfolge fließen die beiden Zyklen nahtlos ineinander über. Wichtig ist auch, daß viele Ideen der „Farbrhythmen" in den „Farbdynamiken" zu ihrem maximalen Ausdruck hingeführt werden. Dadurch erscheint die plastische Stärke der „Farbrhythmen" in einem veränderten Licht, welches sonst - würde man nicht Fortentwicklung und Realisierung kennen - nicht immer bis zum Ende spürbar wäre.

Zu Cézannes späten Aquarellen vermerkte Lionello Venturi, viele von ihnen könnten durchaus als Werkstattkompositionen gelten und es falle einem schwer zu sagen, was zuerst dagewesen sei - die Aquarelle oder die Ölmalerei. „Einmal sind sie Vorläufer des Bildes, einmal kommen sie danach. Manchmal sind sie eine Art Generalprobe, ein andermal - eine Rückkehr, eine Wiederholung, die vollzogen wurde, um weiterzukommen. Stets stellen sie aber eine Art Zwiegespräch des Künstlers mit sich selber dar."[11] Völlig analog verhält es sich mit den „Farbrhythmen" bzw. „Farbdynamiken". Man möchte meinen, die eine Serie wäre die Folge der anderen. Die Serie der „Farbrhythmen" - in der Hauptsache Gouachen -, die „Farbdynamiken", große in Öl gemalte Bilder. Diese Serien sind eng miteinander verschlungen. Sie stellen tatsächlich „eine Art Zwiegespräch der Künstlerin mit sich selber" dar. Völlig natürlich erscheint die mehrfache Rückkehr von den „Farbdynamiken" zu den „Farbrhythmen". In den großen Bildern klingt auf einmal etwas Unerwartetes an, irgend etwas Zufälliges tritt an den Tag; die Künstlerin hatte den Wunsch, der unerwartet entstandenen Melodie zu lauschen, sie zu überprüfen, sie zu begreifen und sie zu verlängern.

Es fällt schwer, beide Serien zeitlich gegeneinander abzugrenzen, was auch nicht notwendig ist, da sie fast gleichzeitig entstanden sind. Wichtiger ist etwas anderes. Wie nirgendwo sonst finden in beiden Serien auf sehr ausdrucksvolle und anschauliche Weise zwei wichtige Aspekte ihrer gegenstandslosen Malerei ihren Ausdruck. Es erscheint sinnvoll, im Folgenden hierüber einiges zu sagen.

Einer der ersten Kenner ihrer Werke, Jakob Tugendhold, schrieb 1922 in seinem Artikel über sie: „Ein merkwürdig aufregender Eindruck geht von diesen gegenstandslosen Bildern aus. Der Blick des Beschauers, gewöhnt an die ihn umgebende Welt der Realitäten, sucht in ihnen vor allem einen menschlichen Inhalt, Analogien oder Anspielungen auf irgendwelche konkrete Gestalten. Enttäuscht will er sich von ihnen abwenden, von diesen Bildern, die ‚nichts' darstellen. Aber er kann es nicht mehr. Er ist bereits dem Einfluß des wie Musik kalten und reinen Zaubers dieses Schwebens verfallen, dieses Auf- und Niedersteigens verschiedenfarbiger Formen auf der endlosen Fläche der weißen Leinwand. Sein Blick gehorcht dem Rhythmus und dem Tempo der Malerin und wandert gehorsam durch diese unbekannten Labyrinthe. Er wird von der heißen, zitronen- und orangefarbenen Fläche festgehalten, er stürzt in die Intervalle, in die Tiefen von Schwarz und Blau, taucht wieder empor und gleitet ruhig hin über die wie Emaille glänzende Fläche des Weiß. Kein Porträt, keine Landschaft , kein Stilleben ist das. Es ist eine Welt über allen Gipfeln, in der nur die reine Idee der Malerei lebt, die Idee der Ausdehnung und der Tiefe, des Gleichgewichts und der Bewegung. Diese Welt ist für die Malerin jedoch kein elfenbeinerner Turm, in dem sie sich von der Erde abschließt, sie ist vielmehr eine Werkstätte der Arbeit, ein Laboratorium, in dem durch lange und qualvolle Versuche dieselben Resultate vorbereitet werden, welche draußen die Welt der menschlichen Gefühle und Leidenschaften anstrebt."[12]

Цветовая конструкция
Около 1918
Холст, масло. 64 х 46
Музей Вильгельма Хака
Людвигсхафен-на-Рейне

Farbige Konstruktion
Um 1918
Öl auf Leinwand, 64 x 46 cm
Wilhelm-Hack-Museum
Ludwigshafen am Rhein

Was die „reine Idee der Malerei" angeht, so hat Jakob Tugendhold vollkommen recht. Sie ziehen sich wie ein roter Faden durch die gesamte Kunst Alexandra Exters, sowohl in der Bildmalerei als auch in ihren Werken für das Theater. Doch bei aller Anerkennung der Überlegungen Tugendholds über „Ausdehnung" und „Tiefe", über „Gleichgewicht" und „Bewegung", hängt der „merkwürdig aufregende Eindruck", den die „gegenstandslosen Bilder" hervorrufen, in vielerlei Hinsicht davon ab, daß sich ihr Spiel mit der reinen Idee der Malerei zu keinem Zeitpunkt als Schranke für die von der Realität gelieferten Eindrücke erwiesen hat. Sich dieser Realität zuzuwenden, wird nie in Frage gestellt.

Etwas Ähnliches erkannte Guy Habasque in den Werken von Picasso und Braque aus der Zeit des synthetischen Kubismus: Obwohl sie mit der Realität scheinbar nichts zu tun haben, sondern nur mit ohnehin schon herkunftslosen Bruchstücken der materiellen Welt, „hat jedes von ihnen seinen eigenen Plan, besitzt jede räumliche Relation einen realistischen Sinn".[13] Dasselbe läßt sich auch über Alexandra Exters kubistische Werke und ihre gegenstandslose Malerei sagen. Anders hätte es wohl auch nicht sein können. Die Energie ihrer Malwelt, sei sie nun bewußt akzentuiert, sei sie absichtlich hervorgehoben und von der nivellierenden Einwirkung zufälliger Kräfte befreit, ruft bezüglich ihrer Herkunft keinerlei Zweifel hervor. Die Künstlerin hat die Welt des Realen in einer unendlichen Kontinuität der Entwicklung, in der Dynamik einer aktiven Wechselwirkung zwischen all ihren Manifestationen, im spannungsreichen Dialog der Linien, des Räumlichen, der Formen und der nie verstummenden Farbexplosionen aufgefaßt. Die Farbexplosionen sind ein Charakteristikum ihrer Malweise. Nichts konnte sich ihnen in den Weg stellen, nichts vermochte sie zu bändigen, weder die harsche Komposition, noch die Willensbestimmtheit der Konstruktion, noch eine strenge Formberechnung. Wo bei Picasso häufig die Form das Licht absorbiert, da überfüllt, ja, überflutet bei ihr das Licht die Form und scheint stets deren Kausalitäten bzw. Gesetze zu überwinden. Gleichwohl wird darauf bestanden, daß eigene Gesetze nicht weniger relevant sind als irgendwelche fremden.

Dieser Zustand findet bei ihr seine Lösung darin, daß die Farbe in die außerhalb der Form liegenden Bereiche „auszubrechen" scheint und dort eigene unabhängige Formen bildet. Es kann nicht behauptet werden, daß all diese Formen wirklich voneinander unabhängig sind. Die Farbe bildet bei ihr nicht einfach einen Flecken: Sie ist eine Art Nachbildung der Form und deren farblicher Nachklang, genauer gesagt, die farbliche Spiegelung der Form, ihre andere Existenz.

All dies ließe sich über jene Arbeiten sagen, in denen die Künstlerin auf größtmögliche Weise bemüht war, ihre lexikalische Wortwahl den kubistischen Formen anzugleichen. Wichtig erscheint hervorzuheben, daß die naturbedingte Bestrebung der Farbe nach Eigenleben – nach einer nicht festen, nur an die Form erinnernden Verbindung – sich als stärker erwies als alle möglichen Dogmen und Normen.

Beim Vergleich ihrer Werke ab 1910 fällt auf, daß die anfangs so selbstsichere und entschlossene kubistische Zusammenstellung allmählich von plastischen Ausdrucksformen verdrängt wird, die sich zusehends vom Kubismus entfernen. Man kann weiter feststellen, daß die Konstruktionen der Formen den Konstruktionen der Farben Platz machen. Man sieht auch, wie sich die Künstlerin von den realen Objekten entfernt und sich in das Erforschen ihrer abstrahierten Elemente, in deren Wesen, vertieft. Sie strebt danach, diese Elemente weitestgehend zu konkretisieren, natürlich nicht als etwas Anschauliches, als etwas, das den gegenständlichen Manifestationen der Welt entspricht, sondern in lebendigen Bezügen zur Realität. Neben so viel materiellem Farbverständnis, welches in ihrer Malerei überwiegt, kann manchmal beobachtet werden, wie sie Farbe als Licht empfindet. Dadurch verschwinden Dichte und Masse, und der fakturenhafte Charakter geht verloren.

Robert Delaunay pflegte zu behaupten: „Es gibt keine Linie, so wie sie die alten Meister verstanden; die Linie wird von Lichtstrahlen, durch Berührung und

Конструкция цветовых плоскостей. 1921
Холст, масло. 89 x 89
Государственный художественный музей
им. А. Радищева, Саратов

Konstruktion von Farbflächen 1921
Öl auf Leinwand, 89 x 89 cm
Staatliches Kunstmuseum
A. Radiscev, Saratow

durch das Aufeinanderschichten bzw. Überlagern verschiedener Lichtebenen deformiert und gebrochen."[14]

Bei Alexandra Exter kommt es nur selten vor, daß Lichtflächen die Linie „brechen". In der allgemeinen Struktur des Bildes sind sie denselben Gesetzen unterworfen wie Farbzonen. Analog dazu werden sie von einem aktiven Umriß begrenzt, und das Licht darf sich nicht über die Grenzen dieses Umrisses „ergießen".

Die deutlich gekennzeichneten starken Farbzonen werden in die plastischen Überlegungen der Künstlerin, vermutlich als Argument, mit eingeschlossen. Deren Präsenz soll die materielle Herkunft der Farbkonstruktionen untermalen und ihren „realistischen Sinn" erneut bestätigen.

Dieser Sinn wird besonders deutlich bei einem Vergleich ihrer „Farbkonstruktionen" mit Delaunays orphistischer Malerei. Selbst in morphologisch nahestehenden Werken, in denen die Künstler sich ein- und derselben Formensprache bedienen, selbst dort bleiben die Unterschiede gewaltig. Delaunays Strukturen sind amateriell. Dem Betrachter können sie durchaus konkrete Bilder vermitteln, doch stellen solche Bilder keine Realität, sondern ein Trugbild, eine Fata Morgana, einen Lichteffekt dar. Sie sind im wahrsten Sinne des Wortes nur eine „Berührung ... und ein Aufeinanderschichten ... von Lichtebenen".

Der russische Religionsphilosoph Nikolaj Berdjajew schrieb einmal über die Evolution des Kubismus: „Die Malerei taucht in die Tiefe der Materie ein und dort, in den allerletzten Schichten, findet sie nichts Materielles mehr vor... Von den physischen geht sie dann zu ätherischen Körpern über."[15]. Bei Delaunay gibt es in der Tat keine physischen Körper, die erkennbaren Umrisse sind wahrhaftig nur den ätherischen Körpern zuzuordnen. „Ich male" - pflegte Delaunay zu sagen – „weder auf dem Teller liegende Äpfel, noch den Eiffelturm, noch Straßenzüge, kurzum, nichts Reales mehr. Ich male nur das Klopfen des menschlichen Herzens."[16].

Offenbar fürchtete sich Alexandra Exter am meisten vor der Aussicht, das Materielle zu verlieren. In den „Tiefen der Materie" suchte sie nach immer neuen Bestätigungen. Sie entdeckte sie auch, löste sorgsam eine Schicht von der anderen ab und stellte sie so zur Schau. Sie bewunderte den Reichtum der Materie, ihre Unverwüstlichkeit, ihre Unerschöpflichkeit, die betörende Unendlichkeit ihrer Darstellung.

In ihrer Malerei zeugt vieles davon, zum Beispiel die Art, wie sie die Farbe aufträgt und an der Faktur arbeitet. Ihre Malerei zeigt, wie die plastische Ganzheit der malerischen Welt entsteht und an Form gewinnt, wie heterogene Elemente miteinander verschweißt werden und der lebendige Raum sich homogen zu Wort meldet.

Im Zyklus der „Farbdynamiken" ist der wohl stärkste Effekt die unaufhörliche Entwicklung, die unaufhaltsame Fortbewegung der Materie, das spannungsreiche und offenkundige Leben der farbigen Oberfläche.

Die räumliche Ausdehnung in den „Farbdynamiken" ist ausgesprochen energie- und kraftgeladen. Sie stellt nicht irgendeine gewisse vorgegebene Größe dar, sie läßt sich nicht in Termini der materiellen Welt definieren. Sie stellt eher ein Feld dar, ein System von Kräftelinien, einen Raum in dem Sinne, wie ihn der französische Philosoph Maurice Merleau-Ponty in seiner „Phänomänologie der Wahrnehmung" formulierte: „Der Raum ist kein Milieu..., in welchem sich die Dinge breitmachen, vielmehr ist er eine Bedingung, in deren Folge der eine oder andere Sachverhalt möglich wird."

So geschieht es auch in den „Farbdynamiken": Der Raum ruft von irgendwoher, er übt eine Attraktion aus, er zieht die Materie in sich hinein, ja, saugt sie auf. Die Materie unterwirft sich dem Raum oder aber sie kämpft gegen ihn an, mal gibt sie ihm nach, mal widersetzt sie sich ihm aus Leibeskräften. So etwas bleibt nicht unbemerkt, man kann es nicht übergehen. Bezogen auf Alexandra Exters gegenstandslose Malerei heißt das, daß der Bildraum bis zum Bersten ausgefüllt ist, oder aber auch, daß sich gähnende Leerstellen auftun, in welche die Materie noch nicht aufgesogen wurde, wo die Farbschicht fehlt, wo der Untergrund ganz bewußt offenliegt.

Цветовая конструкция. 1921
Бумага, гуашь
42 x 39,5
Галерея Олбрайта Нокса, Буффало

Farbkonstruktion 1921
Gouache auf Papier
42 x 39,5 cm
Albright Knox Art Gallery, Buffalo

Es sind jeweils verschiedene Räume, welche die Künstlerin zum Leben erweckt. Im Zyklus der „Farbdynamiken" gibt es für diese These jede Menge Beweise. Räumlich herrscht eine strenge Kräfteverteilung, weniger angespannte Zonen wechseln sich mit spannungsreicheren ab, die Elemente der Darstellung sind nahezu regelmäßig verteilt, auf dichte Gruppen folgen freie Bereiche, sie sind durch Zwischenräume einer vom Pinsel unberührten Leinwand voneinander getrennt.

In ihren „Farbdynamiken" interessiert sich die Künstlerin gleichermaßen für Räume mit klarer Energieverteilung, als auch für gänzlich andere Räume, in denen alles verspielt erscheint und völlig unerwartete Wendungen auftreten.

Es gibt Kompositionen, die auf präzisen und einfachen Rhythmen aufbauen. In ihnen herrschen eine klare Geometrie, die Gleichklänge proportionaler Figuren, und das Klingende sich reimender Elemente. Es gibt aber auch Kompositionen, in denen die Reime immer wieder unterbrochen werden, immer wieder nicht in der Lage zu sein scheinen, sich auszubilden oder zu erklingen, wo Figuren sich voneinander abstoßen oder aber aufeinanderprallen, sich scheinbar chaotisch aufeinandertürmen, sich überdecken, sich gegenseitig verbergen.

Dem einen Raum genügt es, Dreiecke und Rauten, Rechtecke und Trapeze zu sammeln, sie zu einer kunstvollen Arabeske zusammenzubinden und den Figurentanz sozusagen zu einem momentanen Stillstand zu bringen. Ein anderer Raum kann sich damit nicht begnügen. In ihm wirken aggressive Kräfte, die kein Erbarmen kennen. Deren Feld unterzieht die Figurengeometrie starken Deformierungen: Umrisse biegen sich, schieben sich aufeinander, werden gebrochen; Winkel werden verändert, zuweilen gänzlich abgerundet. Ein Dreieck wird hier zum Segment, ein Quadrat zu einem Kreis, es tauchen irgendwelche gezahnten Linien auf, das Feld drückt eine Figur in die andere, preßt sie zusammen, vereinigt sie zu einer bizarren Silhouette.

Der Raum stellt nicht nur die Figurengeometrie auf die Probe, nein, er ist darauf aus, sich deren Wesen, die Materie, aus der sie erschaffen sind, unterzuordnen. Die Elemente der Darstellung erscheinen auf der Leinwand als Elemente unterschiedlichster Natur. Es ist schwer zu sagen, ob sie tatsächlich je solche materiellen Besonderheiten besessen hatten oder ob es der Raum war, der ihre so unterschiedlichen Eigenschaften zum Leben erweckt hat.

Der Sankt Petersburger Kunstwissenschaftler Nikolaj Punin pflegte zu sagen: „Um ein modernes Bild zu verstehen, muß man es nicht nur anschauen, sondern sozusagen mit den Augen abtasten, d. h. Zoll für Zoll darauf achten, wie sich Faktur und Oberfläche der Leinwand bzw. der Skulptur verändern, welche Überlegungen, welche Gefühle der Künstler bei der Ausarbeitung in das Werk hineinzulegen bemüht war."[17]

Genau so soll man die „Farbdynamiken" betrachten, indem man nämlich das Leben der Farbschicht genau untersucht, einen jeden Millimeter „mit den Augen abtastet" und in sämtliche Besonderheiten ihrer Erscheinung eindringt. Die „Farbdynamiken" stellen nichts anderes dar, als Zeugnisse der Aktivität des Raumes, eine weitere Bestätigung „der Bedingung, in deren Folge der eine oder andere Sachverhalt möglich geworden ist."

Möglich geworden sind zum Beispiel Mißverhältnisse bei der Farbmasse, Fluktuationen ihrer Dichte, eine Abfolge von Bereichen, die von einer zähflüssigen Farbschicht bedeckt sind, und Zonen, wo der Pinsel die Leinwand kaum berührt hat. Es handelt sich um eine Abfolge von glatten überall gleichmäßig mit Farbe bedeckten, koloristischen Flächen, unebenen rauhen Flächen, aus denen eine Farbe herauszuquellen scheint, welche die Figurenumrisse überfüllt und sich offenbar von der Oberfläche bzw. von der Leinwand befreien möchte.

Der Raum bestimmt die Intensität der einzelnen Farbtöne, er beherrscht ihre Kraft und ihre Klangfarbe. Das Wichtigste aber ist: Der Raum leitet Energie an die Farbe weiter, er durchdringt ihre dichten Massen mit dynamischen Impulsen. Darüber schrieb Jakob Tugendhold: „Ihre [Alexandra Exters - Anm.d.A.] Kompositionen, auch die abstraktesten, sind auf dem Kontrast zwi-

Цветовая конструкция
Около 1921
Холст, масло. 51 x 38
Частное собрание Швейцария,

Farbkonstruktion um 1921
Öl auf Leinwand
51 x 38 cm
Privatsammlung Schweiz

schen den Farben und ihren Tönen aufgebaut. Diese Kontraste fängt ihr geübter Blick nicht nur in der Polarität der Komplementärfarben auf, ‚wie sie die Malerei der Impressionisten bestimmte, sondern in ganz neuen, früher unbewußt gebliebenen, in dynamischen Kombinationen.“[18].

Man fühlt sich berufen, über die Farbe ihrer Kompositionen in der Terminologie der Physik zu sprechen. Es geht um die Geschwindigkeit und die Beschleunigung der Farbe, es geht um verschiedene Ausrichtungen der Kräftevektoren, es geht um Masse usw. Es geht auch darum, daß innerhalb des von der Leinwand begrenzten Raumes stets ein Energieaustausch von einer Farbe zur anderen stattfindet. Diese Energie ist es, die in mitreißender Heftigkeit nach allen Richtungen weitergegeben wird und niemals zu versiegen scheint.

Eben deshalb rufen ihre gegenstandslosen Kompositionen niemals ein Gefühl des Statischen hervor, den Eindruck einer abgeschlossenen Situation, des Ausgangs irgendeines Prozesses. Ganz im Gegenteil: Der Zuschauer hat den Eindruck, die Situation würde sich vor seinen Augen entwickeln, sich mit jeder Sekunde verändern, so daß man ihm nur mit Mühe folgen könnte.

Hier liegt natürlich auch die Erklärung für die nahezu hypnotische Kraft von Alexandra Exters Abstraktionen. Sie fesseln den Blick an sich, und so wird man genötigt, sie längere Zeit zu betrachten, wobei man immer neue Erscheinungen entdeckt. Ja, man hat Mühe den Blick abzuwenden in der Befürchtung, irgend etwas zu verlieren, ein gewisses Etwas, das sich niemals wiederholen wird.

Die Künstlerin gibt ihrer gegenstandslosen Malerei sehr einfache Namen: „Abstrakte Flächenkonstruktion“ (1916), „Farbrhythmen“ (1916-1918), „Farbdynamik“ (1916-1918), „Farbkonstruktion“ (1921), „Bewegung der Farbe über die Konstruktion“ (1921) „Farbkomposition“ (1921) usw. Offenkundig tragen die Aufgaben in diesen Arbeiten einen rein experimentellen, laborhaften Charakter. Dennoch führen sie nicht zu leidenschaftslosen plastischen Schlußfolgerungen, obschon ihre Abstraktionen wohl auf den ersten Blick zum Formelhaften, zu einem präzisen plastischen Aphorismus tendieren. Übrigens gilt dies nicht nur für den ersten Blick. Davon, daß die Künstlerin sich selbst solche Aufgaben gestellt hat, zeugen allein schon die von ihr gewählten Titel! Doch Alexandra Exter wäre nicht sie selbst gewesen, wenn nicht die strenge Klarheit ihrer Aufgabenstellung, das aufrichtige Bestreben, ihre Pläne einer unumstößlichen Berechnung unterzuordnen, ihr Temperament und ihre lyrische Weltsicht durchbrechen würden.

Georges Braque kommt in seinen Erinnerungen an die Jahre des Kubismus und die harten Prüfungen, denen sich der Künstler wegen seiner selbst gesetzten Normen unterziehen mußte, zu dem Schluß: „Hauptsache ist nicht der Gegenstand, sondern die neue Einheit, das Lyrische, welches im neuen Ausdrucksmittel liegt.“ Man beachte: „neue Einheit“ und „das Lyrische“ stehen durch ein Komma getrennt, - ergo sind sie gleichberechtigt hintereinander gesetzt, d. h. als etwas, was nach einer klaren Berechnung verlangt (die neue Einheit) und zugleich als etwas, das dieser Einheit entgegensteht (das Lyrische). So war es auch in der Malerei von Braque, nämlich Treue gegenüber den kubistischen Ideen, absoluter Glaube an sie und ein nicht tot zu kriegender, sich keinen Ideen und Normen unterordnender Lyrismus. Die kubistischen Stilleben von Braque stellen eine wahre Poesie dar.

Alexandra Exter pflegte ihre Gedanken über die Kunst nicht aufzuzeichnen, sie verspürte keine Lust zum theoretisieren. Aber das, was Braque geäußert hatte, wäre sicherlich auch sie zu wiederholen bereit gewesen. Eigentlich hat sie es mehr als einmal in ihrer Malerei wiederholt.

Je strengere und härtere Gesetze sie wählte, desto deutlicher wurde das lyrische Prinzip ihres Schaffens. Je kompliziertere formale Aufgaben sie sich stellte, desto reicher wurden ihre Werke an poetischer Information .

So spielt es sich auch in der wahren Poesie ab: „Die poetische Information wird mit Hilfe einer andersartigen, ihr entgegengesetzten Information - einer kognitiven, expressiven, didaktischen Information - gleichsam übertragen [...].

Ромео и Джульетта
Эскиз костюма к спектаклю. 1921
Картон, смешанная техника. 48 x 35
Частное собрание, Швейцария

Romeo und Julia
Kostümentwurf 1921
Mischtechnik auf Karton, 48 x 35 cm
Privatsammlung Schweiz

Und allein das Vorhandensein eines solchen ‚Trägers' macht die Übertragung poetischer Information möglich. Die Eigenheit der poetischen Funktion ist eigentlich darauf begründet, daß sie auf eine ihr eigene Weise dem Begriff des Funktionalen widerspricht; für sich allein genommen, ist sie nicht auf ein bestimmtes Ziel ausgerichtet. Funktion werden kann sie erst auf dem Hintergrund einer anderen Funktion ..." [19].

„Auf dem Hintergrund" der harten konstruktivistischen Lösungen, einer gebieterischen Organisation der Leinwand, klingt in Alexandra Exters Abstraktionen eine reine lyrische Melodie an, was in fast jeder ihrer „Farbdynamiken" offensichtlich ist.

Die Herkunft einer solchen lyrischen Melodie läßt keine Zweifel offen. Hier schimmert bei der Künstlerin eine emotionale Nostalgie nach ihrer Jugendzeit in Kiew durch, nach den unauslöschlichen Eindrücken, welche die ukrainische Volkskunst bei ihr hinterlassen hat. Diese Nostalgie geht einher mit dem intellektuellen Glauben an die Gesetzmäßigkeit der neuen Malerei und daran, daß sie nach Alexander Rodtschenko etwas Natürliches sei, da sie „die Zukunft voraussieht."

Viele ihrer gezahnten Figuren in den Abstraktionen erinnern an die charakteristische ukrainische Bauernmalerei im Stil der Blüten-Längsschnitte, an die Krümmungen schmaler Streifen, - das sind die elastischen Linien der Stengel, Dreiecke, Trapeze und Rauten, deren Ecken und Seitenrelationen, deren Proportionen und räumliche Rhythmen. Hier wird ein Widerhall der ukrainischen Ornamentik ganz deutlich. Dieses koloristische Leben, dieses ungehemmt klangvolle Vollblutleben - es ist, als hätte die Künstlerin, die alles durch algebraische Formelberechnungen überprüfte, hier den Seelenzustand und die Gemütsstimmung eines volkstümlichen Meisters übernommen.

Andererseits: Die in ihrer gegenstandslosen Malerei anzutreffende lyrische Melodie ist nichts anderes als ein Ausdruck des ihrer Kunst eigenen spielerischen Prinzips. Wir haben es im Zusammenhang mit ihren „Farbrhythmen" bereits angesprochen, möchten aber noch einmal daran erinnern, daß dieses Prinzip sich sogar in ihren kubistischen Versuchen mit einer derart jubilierenden Auffälligkeit äußert, erfüllt von einem derart hemmungslos karnevalistischen Charakter, als wolle es als Herausforderung an das kubistische System selber verstanden werden und mit diesem ganz offen wetteifern.

In ihren gegenstandslosen Kompositionen äußerte sich das alles mit einer noch weitaus größeren Energie und noch mehr Freiheitsdrang. „In diesen geometrischen Figuren verschiedener Form und Farbe, die sich wie Bänder schlängeln, die wie Aeroplane schweben oder auf der weißen Leinwand herunterstürzen"[20], wäre keine Kraft imstande gewesen, in der Künstlerin die Leidenschaft zum Spiel, zum verzweifelt kühnen Maskenball zu bändigen.

War es vielleicht das, was Alexander Tairow in der Kunst Alexandra Exters entdeckte? War es das, was dem Regisseur zuraunte, daß ihre Malerei immer kurz davor steht, von der Leinwand loszustürmen, sich in den Raum zu ergießen, ihn zu füllen und zu verändern, daß sie bereit ist, auf den Menschen zuzustürzen, ihn zu umschlingen und fortzureißen?

Bei der Betrachtung ihrer „Farbdynamiken" kommen wir an der Erfahrung des Suprematismus, dessen Einflüsse hier klar erkennbar sind, nicht vorbei. Eines gilt aber vorab: Alle allgemeinen Ideen wurden von der Künstlerin stets auf völlig individuelle Weise verwirklicht. So verhielt es sich mit ihrer kubistischen Malerei; solcherart, nämlich ausgesprochen eigentümlich - war auch ihre futuristische Wortwahl; dasselbe gilt für ihren Konstruktivismus, der vom französischen Kunsthistoriker Jean-Claude Marcadé zutreffend als „romantisch" bezeichnet wurde, und für ihren Purismus. Und so verhält es sich auch diesmal: Die suprematistischen Sätze erscheinen bei ihr transformiert, verklärt, verändert.

Unverkennbar sind ihre suprematistischen Formen starken Belastungen ausgesetzt. Keine Rede von einem freien Schweben; die Formen bewegen sich keineswegs frei in einem schwerelosen Raum, nein, sie sind in mächtige Gravitationswirbelstürme einbezogen, mal widersetzen sie sich, mal unterwerfen sie sich ihnen.

Конструктивный натюрморт
1920–1921
Холст, масло. 121 x 109
Государственный Русский музей
Санкт-Петербург

Konstruktivistisches Stilleben
1920-21
Öl auf Leinwand, 121 x 109 cm
Staatliches Russisches Museum
Sankt Petersburg

Es ließe sich auch anders ausdrücken: In ihren „Farbdynamiken" erleben wir eine Situation, bei der die suprematistischen Formen in ihrem unendlichen Schweben durch das All sich plötzlich in einem energetischen Krater wiederfinden. Wir beobachten das Bemühen dieser Formen, den Krater zu überwinden, aus ihm auszubrechen, um wieder zu ihrem ungetrübten Dahingleiten zurückzukehren.

In einer solchen Situation konnte sich alles ganz plötzlich verändern: Die Formen begannen, sich auf die eine oder andere Weise zu orientieren, jedoch mußten sie der Kräfteverteilung, den Kräftepolen und deren Ausrichtung usw. Rechnung tragen. Offensichtlich ist auch, daß die plastische Situation damit etwas Strukturhaftes gewonnen hat, daß im Bild nun „oben" und „unten" deutlich herauszulesen sind, - Begriffe, die von der suprematistischen Komposition kraft des Programms aufgehoben bzw. durchkreuzt worden waren.

Einleuchtend ist auch, daß der von starken energetischen Ladungen durchdrungene Raum hier an seine deutlichen Grenzen stößt und seine völlig unmißverständliche Konfiguration hat. Die Künstlerin gibt zu verstehen, daß sie die Präsenz mehrerer Elemente zuläßt, die sich gleichsam über die Grenzen der energetischen Felder hinausgedrängt haben: Schwarze Vierecke.

Sie, die nun keinerlei Einflüssen ausgesetzt sind, bezeugen, daß energetische Zonen und Felder, die frei sind von irgendwelchen Kräften, ihre klaren Grenzen haben. Man beachte hier die Komplexität der plastischen und malerischen Aufgabenstellungen von Alexandra Exter. Kein allmähliches Erlöschen oder Sich-Auflösen von energetischen Feldern, sondern deren schroffes Abreißen, deren Abbruch, als würden sich auf dem Weg der Energieausbreitung unüberwindliche Hindernisse auftürmen. Es braucht nicht extra darauf hingewiesen zu werden, daß eine derartig energetische Situation auf ihre ganz besondere Art und Weise auch die plastische Situation mitorganisiert.

Die „Farbdynamiken" lassen einen das Eigenartige ihrer schöpferischen Suche - besonders im Vergleich zu anderen Künstlern der russischen Avantgarde - in aller Anschaulichkeit nachempfinden. Welch ein Kontrast etwa zu den gegenstandslosen Arbeiten ihrer Mitstreiterin Ljubow Popowa!

In Ljubow Popowas „Malerischen Architektoniken" (1916-1918) entbehrt der Raum selbst praktisch jeder Energie: Ihm wird die Energie auf verschiedenste Art zugeteilt, alles ist auf den komplexen Wechselwirkungen dieser Flächen aufgebaut, sämtliche Verschiebungen, Wendungen, Überlagerungen sind von ihrer eigenen Wechselwirkung bedingt. Außerhalb dieser Flächen scheint gar kein energetisches Feld zu existieren. Ljubow Popowa gibt dies auch zu verstehen. Ihre „Malerischen Architektoniken" sind in der Regel in einem neutralen Milieubereich angesiedelt, der einen Hintergrund liefern soll. Alles konzentriert sich nur auf die dargestellten Flächen, sie als solche sind wertvoll, in ihnen liegt das Wichtigste verborgen. Sie sind eine Art Mittelpunkt, außen um sie herum ist nichts.

Auch Ljubow Popowas Flächen äußern sich, treten hervor, behaupten sich nicht in der Wechselwirkung mit irgendeinem objektiv existierenden Milieubereich, mit einem bestimmten objektiv präsenten Energiefeld, sondern nur im Ergebnis der Wechselbeziehung zwischen den in jeder Figur befindlichen Energien, genau so und nicht anders.

Für Ljubow Popowa beginnt die Welt ihrer „Malerischen Architektoniken" gerade hier, am Schnittpunkt der Flächen. Wofür sich Popowa interessierte, war ein gewisses Urprinzip, war der Augenblick der Begegnung von Elementen. Ihre Kompositionen können als eine Art Primärbauten gelten, als Fundament irgendeines zukünftigen Bauwerks. Die Flächen stellen die Anfangsblöcke dar, die nach festen, haltbaren Verbindungsstücken suchen, die einander ausfindig machen, die darauf aus sind, etwas beständig Ganzes zu bilden.

Bei Alexandra Exter ist alles anders. Ihre Welt stellt eine objektive Realität dar, eine Welt mit ihren eigenen Gesetzen und Regeln, mit ihrer eigenen Ordnung. Eine ebensolche Realität stellen auch die in dieser Welt existenten Formen dar. Das eine kann nicht ohne das andere sein. Die Welt diktiert den Formen und Figuren ihre Spielregeln, und sie können nicht anders, als diese zu berücksichtigen. Gewiß mögen sie versuchen, sich diesen Regeln zu widersetzen; sie leisten Widerstand, versuchen über sie die Oberhand zu gewinnen. Aber außerhalb dieser Regeln ist ihnen keine andere Existenz beschieden.

In den „Farbdynamiken" grenzen Bereiche der aktiven Energie an solche, in denen die energetische Wirkung auf ein Minimum reduziert ist. Auffällig ist aber folgender Effekt: Alexandra Exters plastische Ausprägung ist - im Gegensatz zu einer ähnlichen in den „Malerischen Architektoniken" von Popowa - derart aufgebaut, daß der Zuschauer verstehen muß: Eine solche Ausprägung stellt nur einen Teil eines unendlichen Bildes dar, die äußeren Abmessungen der Leinwand und des Bilderrahmens bilden noch lange nicht die Grenze. Sie kann fortgesetzt werden und beliebig weit, praktisch bis in die Unendlichkeit, ausgedehnt werden. Und dort - im Unendlichen - wird es sich wiederholen: Die energetischen Krater werden da und dort aufbersten und von vergleichsweise neutralen Zonen abgelöst. Da und dort werden zahllose Formen diesen Kratern entgegenstürmen und sich in ihnen auf einmal verklären bzw. verändern. Sie werden in der ihnen mitgeteilten Energie erglühen, sie werden an der Spannungsschwelle ihrer Kräfte und Eigenschaften existieren und sie werden versuchen, sich von ihnen loszulösen, wegzugehen, fortzufliegen. Doch einmal in Freiheit, finden sie sich kurze Zeit später erneut in der Macht von Kräften wieder, die ihnen irgendwo in der Nähe auflauern, die von irgendeiner neuen Energiequelle ausgestrahlt werden. Wieder werden sich die Formen verklären bzw. verändern, spannungsgeladen sein, sich widersetzen und erneut ein ihnen zuvor unbekanntes Dasein ausleben wollen...

Abschließend sei gesagt: Man gewinnt den Eindruck, Alexandra Exter habe sich auf Werke von der Größenordnung der „Farbdynamiken" regelrecht vorbereitet; sie scheint verschiedene Varianten, Möglichkeiten und Einzelfälle ausgelotet zu haben. Und - dies dürfte schon klargeworden sein - ihre „Farbrhythmen", darunter das vorliegende Album wie auch jene Blätter, die sich zum Beispiel in der Sammlung von Carla Pellegrini (Mailand) etc. befinden, stellen nichts anderes als abstrahierte und einzelne Fälle der in den „Farbdynamiken" vorkommenden plastischen Situationen dar. Daher tragen sie auch den Namen „Farbrhythmen". Gewiß, Rhythmus ist ein nicht so weiter Begriff wie „Dynamik", da Dynamik den Rhythmusbegriff mit einschließt und die Option unterschiedlicher Rhythmen beinhaltet. Der Rhythmus dagegen ist eine Folge der Dynamik, der plastischen Darstellung, eine Folge ihrer Aussage.

Anmerkungen

1. Über den Kubofuturismus bei Alexandra Exter siehe: Guéorgui Kovalenko, „La peinture cubo-futuriste d'Alexandra Exter", *Ligeia* [Paris], S. 104-119, Nr. 21-24, 1997-1998, sowie Georgij Kowalenko, *Alexandra Exter*, Moskau, 1993.

2. o.V.: „Bubnowyj Walet" („Karobube"), *Russkie Wedomosti (Russische Nachrichten)*, Petrograd, 15. November 1916. Jakob Tugendhold, „Brief aus Moskau", *Apollon*, Petrograd, S. 72, Nr.1/1917.

3. Henri Matisse, *Statji ob iskusstwe. Perepiska. Sapisi besed. Suschdenija sowremennikow (Artikel über die Kunst, Briefwechsel, Gespräche, Äußerungen von Zeitgenossen)*, Moskau 1993, S.318.

4. Rainer-Maria Rilke im Brief an Clara Rilke vom 04. November 1907, zit. nach: Rainer-Maria Rilke, *Worpswede, Auguste Rodin, Briefe, Gedichte*, Moskau 1971, S. 242.

5. Alexandra Exter und Paul Cézanne - das ist ein breitgefächertes Thema. Wir wollen hier nur festhalten, daß Alexandra Exter ihre erste Parisreise aus Anlaß der 1907 eröffneten Cézanne-Retrospektive unternahm.

6. Rainer-Maria Rilke im Brief an Clara Rilke vom 22. Oktober 1907, *a.a.O.*, S. 236.

7. Max Dvorzhak, *Istorija italjanskogo iskusstwa w epochu Wosroschdenija (Geschichte der italienischen Renaissancekunst)*, Bd. II, Moskau 1978, S. 89.

8. Zit. nach: *Fernand Léger, Georges Bauquier, Nadeschda Léger*, Ausstellungskatalog, Moskau 1963, S. 15.

9. Ebda.

10. Nikolaj Tarabukin, *Opyt teorii schiwopisi (Versuch einer Maltheorie)*, Moskau 1923, S. 36.

11. Lionello Venturi, *Cézanne, son art, son oeuvre*, Paris 1936, Bd. I, S. 275.

12. Jakob Tugendhold, *Alexandra Exter*, Berlin 1922, S. 14-15.

13. Guy Habasque, *Le cubisme*, Genf 1959, S. 74.

14. Robert Delaunay, *Du cubisme à l'art abstrait*, Paris 1983, S. 72.

15. Nikolaj Berdjajew, „Pikasso" („Picasso"), *Sofia*, Moskau 1914, Nr. 3.

16. Robert Delaunay, *a.a.O.*, S. 67.

17. Nikolaj Punin, *Zikl lekzij (Vortragsreihe)*, Petrograd 1920, S. 20-21.

18. Jakob Tugendhold, *a.a.O.*, S. 13.

19. Jan Slawinskij, *K teorii poetitscheskogo jasyka. Strukturalism: ‚sa' i, protiw (Zur Theorie der poetischen Sprache, Der Strukturalismus: ‚Für' und ‚Wider')*, Moskau 1975, S. 265.

20. Jakob Tugendhold, *a.a.O.*, S. 13-14.

Конструкция. Около 1922
Холст, масло. 89,5 x 89,5
Музей современного искусства
Нью-Йорк. Собрание Рикли
корпорации Мак-Крори

Konstruktion um 1922
Öl auf Leinwand, 89,5 x 89,5 cm
The Museum of Modern Art
New York, Riklis Collection
of McCrory Corporation

„Цветовые ритмы“

Около 1916–1917
19 листов с 23 эскизами
Переплет: холст
Частное собрание, Германия

„Farbrhythmen“

Entstanden um 1916-17
19 Blätter mit 23 Entwürfen
Leineneinband
Privatsammlung NRW

I

Цветовые ритмы. Около 1916–1917
Бумага, гуашь, карандаш
41 x 28,3

Farbrhythmen um 1916-17
Gouache und Bleistift auf Papier
41 x 28,3 cm

II

Цветовые ритмы. Около 1916–1917
Бумага, гуашь, карандаш
40,5 x 28,3

Farbrhythmen um 1916-17
Gouache und Bleistift auf Papier
40,5 x 28,3 cm

III/IV

Цветовые ритмы. Около 1916–1917
Бумага, гуашь, карандаш
28,3 x 41,3

Farbrhythmen um 1916-17
Gouache und Bleistift auf Papier
28,3 x 41,3 cm

III

Цветовые ритмы. Около 1916–1917
Бумага, гуашь, карандаш
Фрагмент

Farbrhythmen um 1916-17
Gouache und Bleistift auf Papier
Fragment

III/IV

Цветовые ритмы. Около 1916–1917
Бумага, гуашь, карандаш
28,3 x 41,3

Farbrhythmen um 1916-17
Gouache und Bleistift auf Papier
28,3 x 41,3 cm

IV

Цветовые ритмы. Около 1916–1917
Бумага, гуашь, карандаш
Фрагмент

Farbrhythmen um 1916-17
Gouache und Bleistift auf Papier
Fragment

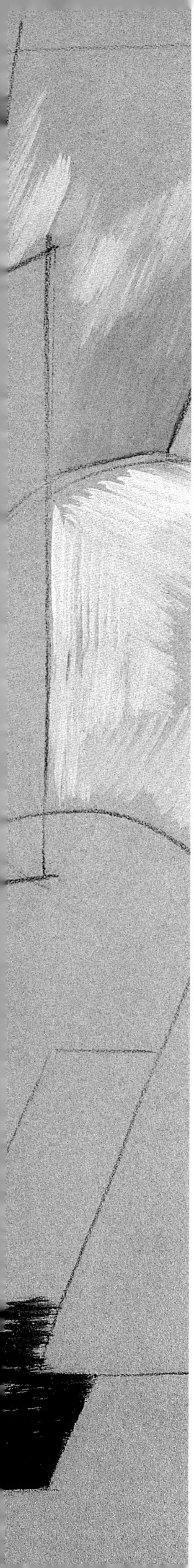

V

Рисунок к **Цветовым ритмам.** Около 1916–1917
Бумага, гуашь, карандаш
41,3 x 28,3

Zeichnung für **Farbrhythmen** um 1916-17
Gouache und Bleistift auf Papier
41,3 x 28,3 cm

VI

Цветовые ритмы. Около 1916–1917
Бумага, гуашь, карандаш
41,3 x 28,3

Farbrhythmen um 1916-17
Gouache und Bleistift auf Papier
41,3 x 28,3 cm

VII

Цветовые ритмы. Около 1916–1917
Бумага, гуашь, карандаш
41,1 x 28,3

Farbrhythmen um 1916-17
Gouache und Bleistift auf Papier
41,1 x 28,3 cm

VIII

Цветовые ритмы. Около 1916–1917
Бумага, гуашь, карандаш
41,3 х 28,3

Farbrhythmen um 1916-17
Gouache und Bleistift auf Papier
41,3 x 28,3 cm

IX

Рисунок к **Цветовым ритмам.** Около 1916–1917
Бумага, карандаш
41,3 x 28,3

Zeichnung für **Farbrhythmen** um 1916-17
Bleistift auf Papier
41,3 x 28,3 cm

X

Цветовые ритмы. Около 1916–1917
Бумага, гуашь, карандаш
41,3 x 28,3

Farbrhythmen um 1916-17
Gouache und Bleistift auf Papier
41,3 x 28,3 cm

XI/XII

Цветовые ритмы. Около 1916–1917
Бумага, гуашь, карандаш
28,3 x 41,3

Farbrhythmen um 1916-17
Gouache und Bleistift auf Papier
28,3 x 41,3 cm

XI

Цветовые ритмы. Около 1916–1917
Бумага, гуашь, карандаш
Фрагмент

Farbrhythmen um 1916-17
Gouache und Bleistift auf Papier
Fragment

XI/XII

Цветовые ритмы. Около 1916–1917
Бумага, гуашь, карандаш
28,3 x 41,3

Farbrhythmen um 1916-17
Gouache und Bleistift auf Papier
28,3 x 41,3 cm

XII

Цветовые ритмы. Около 1916–1917
Бумага, гуашь, карандаш
Фрагмент

Farbrhythmen um 1916-17
Gouache und Bleistift auf Papier
Fragment

XIII/XIV

Цветовые ритмы. Около 1916–1917
Бумага, гуашь, карандаш
28,3 x 41,3

Farbrhythmen um 1916-17
Gouache und Bleistift auf Papier
28,3 x 41,3 cm

XIII

Цветовые ритмы. Около 1916–1917
Бумага, гуашь, карандаш
Фрагмент

Farbrhythmen um 1916-17
Gouache und Bleistift auf Papier
Fragment

XIII/XIV

Цветовые ритмы. Около 1916–1917
Бумага, гуашь, карандаш
28,3 x 41,3

Farbrhythmen um 1916-17
Gouache und Bleistift auf Papier
28,3 x 41,3 cm

XIV

Цветовые ритмы. Около 1916–1917
Бумага, гуашь, карандаш
Фрагмент

Farbrhythmen um 1916-17
Gouache und Bleistift auf Papier
Fragment

XV

Цветовые ритмы. Около 1916–1917
Бумага, гуашь, карандаш
41,4 x 28,3

Farbrhythmen um 1916-17
Gouache und Bleistift auf Papier
41,4 x 28,3 cm

XVI

Цветовые ритмы. Около 1916–1917
Бумага, гуашь, карандаш
41,1 x 28,3

Farbrhythmen um 1916-17
Gouache und Bleistift auf Papier
41,1 x 28,3 cm

XVII

Цветовые ритмы. Около 1916–1917
Бумага, гуашь, карандаш
41,4 x 28,3

Farbrhythmen um 1916-17
Gouache und Bleistift auf Papier
41,4 x 28,3 cm

XVIII

Цветовые ритмы. Около 1916–1917
Бумага, гуашь, карандаш
41,3 x 28,3

Farbrhythmen um 1916-17
Gouache und Bleistift auf Papier
41,3 x 28,3 cm

XIX

Цветовые ритмы. Около 1916–1917
Бумага, гуашь, карандаш
41,3 x 28,3

Farbrhythmen um 1916-17
Gouache und Bleistift auf Papier
41,3 x 28,3 cm

XX

Цветовые ритмы. Около 1916–1917
Бумага, гуашь, карандаш
41,3 x 28,3

Farbrhythmen um 1916-17
Gouache und Bleistift auf Papier
41,3 x 28,3 cm

XXI

Цветовые ритмы. Около 1916–1917
Бумага, гуашь, карандаш
41,3 x 28,3

Farbrhythmen um 1916-17
Gouache und Bleistift auf Papier
41,3 x 28,3 cm

XXII

Рисунок к **Цветовым ритмам.**
Около 1916–1917
Бумага, карандаш
Обратная сторона XXIII

Zeichnung für **Farbrhythmen**
Um 1916-17
Bleistift auf Papier
Verso XXIII

XXIII

Цветовые ритмы. Около 1916–1917
Бумага, гуашь, карандаш
41,3 x 28,3

Farbrhythmen um 1916-17
Gouache und Bleistift auf Papier
41,3 x 28,3 cm

Яков Тугендхольд

Александра Экстер как живописец и художник сцены*

La pittura è cosa mentale
(Леонардо да-Винчи.)

Я - человек, мне чужд покой.
(Фауст.)

Il faut être ouvrier dans son art, savoir de bonne heure sa méthode de réalisation. Être peintre par les qualités mêmes de la peinture, se servir de matériaux grossiers.
(Сезанн.)

Творчество Александры Экстер

Среди современной русской живописи так называемого левого направления художница Александра Экстер занимает свое особое место. Это место утверждено за ней не шумом и трюками, которыми художнической молодежи всех стран невольно приходится эпатировать буржуа или завлекать в свои сети снобов, чтобы пробить дорогу молодому искусству. Наоборот, на общем фоне левых течений, суетном и пестром, как арлекинада, эта художница отличается редкой серьезностью своих выступлений и вдумчивостью своих исканий. Можно совсем не разделять новейших живописных теорий и относиться равнодушно или даже отрицательно к той молодой школе, которая именует себя представительницей „беспредметной" живописи, как и вообще ко всяким „измам", и в то же время нельзя не отдавать должного творчеству Экстер.

Было время, когда произведения Экстер вызывали улыбку или даже возмущение, но упорство и искренность покоряют. Все, что она делает – делается ею с наибольшим напряжением всех физических и душевных сил. И даже наиболее „отвлеченные", чисто формальные ее искания и „беспредметные" холсты, какие-нибудь головоломные опыты той или иной комбинации разноцветных геометрических поверхностей одухотворены у нее мучительным горением души.

Но есть одна область, в которой творчество Александры Экстер представляет интерес не только относительный, т. е. не только духом своего искательства, не только своим экспериментализмом, но и своими положительными, бесспорно достигнутыми результатами. Это – область театра: сценических декораций и костюмов, которые художница в ряде постановок уже воплотила на подмостках московских театров. Впрочем, свой несомненный декоративный дар художница обнаружила еще раньше – в художественно-промышленных работах, носивших у нее с самого начала характер не дамского дилетантизма, а серьезного мастерства.

Дарование Экстер сложно и разносторонне. Как женщина, она со страстной беззаветностью отдается всепоглощающей чаре искусства. Я помню: она работала целые дни во время столь частых в современной России обстрелов Киева и Одессы под аккомпанемент шипения и грохота снарядов. Художница вздрагивала: происходящее на улице волновало ее. Но добровольная, чисто мужская самодисциплина труда одерживала верх над житейскими эмоциями. Экстер – женщина, и „вечно женственное", нечто лирическое и мягкое не раз сказывалось в ее живописи, скрашивая абстрактную суровость ее кубистических построений напевным ритмом форм и нежностью колорита. Однако это „вечно женственное" в конечном итоге подчинено у нее голосу интеллекта, всегда коррегирующему работу ее вдохновения.

Во всем, что она делает, чувствуется сухой блеск никогда не потухающего, но и всегда регулируемого пламени – какой-то особенный пафос ума. В этом смысле Александра Экстер близка и другим лучшим художницам России – немногим,

* Текст воспризводится по книге Яков Тугенхольд *Александра Экстер* „Заря", Берлин, 1922

но отличавшимся именно тем, что в их творчестве было больше мужской оригинальности и силы, нежели столь свойственного женщинам-художницам (как Кауфман, Виже-Лебрен и др.) сентиментализма. Таковы были Поленова, Якунчикова; такова Н. Гончарова, хорошо известная за границей.

Однако Александра Экстер отличается от этих русских художниц одной весьма существенной чертою: в то время как у них мужеподобность доходит до известной мужиковатости, что объясняется отчасти их увлеченностью русским примитивизмом (иконой, народной картинкой, пряником и т. д.), творчество Экстер, наоборот, облагорожено западноевропейской культурой. Художница многое видела, многое знает, многое претворила в себе. Она русская душой, и ей чужда психика эмигранта, но ее внутренний взор всегда направлен на Запад...

I.

Решительность Экстер повлекла ее за границу тотчас же по окончании русской провинциальной художественной школы (в Киеве), и с 1907 года начались ее годы странствий.

Правда, Экстер ничего не взяла от академического Запада – ее кратковременное пребывание в парижской Académie de la Grande Chaumière кончилось скандалом, уже ставшим общим правилом для всякого незаурядного дарования. Маститый профессор, светский портретист Caro Delvall возмутился колоритом Экстер, уже тогда не похожим на академические рецепты... Но зато самая атмосфера Парижа как такового, с его музеями, выставками, мастерскими, журналами, книгами и тем особенным je ne sais quoi, которое придает ему столь артистический дух, – все это научило ее ориентироваться в бурных течениях современной живописи и находит среди них свой собственный попутный ветер.

На примере Экстер лишний раз обнаружилась роль Парижа, противоположная роли прежней мировой столицы искусства, Рима. В то время как последний располагал целые поколения молодых живописцев к подражанию старым мастерам, Париж пробуждал жажду être de son temps, быть современным во что бы то ни стало. Именно это стремление к современности, к воплощению в искусстве наших вкусов, нашего мироощущения и является главным нервом творчества Экстер, сообщающим ему особенную экстатическую остроту. Дышать современностью, жить в унисон с городом, вбирать в себя впечатления его вечно движущейся жизни и неподвижных каменно-железных масс – вот желание художницы, подсказанное ей внутренней потребностью натуры. И что бы она ни делала – будь то произведение прикладного искусства, зонтик или ширма, или графика для книги, или станковая картина в раме, или, наконец, театральная декорация к пьесе не нашей, давно минувшей эпохи – на всем лежит у нее печать современности, печать современной психики – сложной и переутонченной всем предшествующим опытом мирового искусства, мятущейся и взвихренной. Потому что такова наша критическая эпоха, переоценившая все прошлые ценности, но все еще тщетно рвущаяся к созданию новых, своих ценностей, своих вкусов.

Это не значит, однако, что творчество Экстер пребывает во власти смятения и хаоса, что она плывет по воле волн среди океана современности. Нет, Экстер никогда не разделяла футуристического настроения, его бунтов против музеев с анархическим отрицанием дисциплины и апологией индивидуализма. Наоборот, она чрезвычайно логична по своему развитию и своим устремлениям. Художница не мечется, но сознательно движется от одного искания к другому, все более и более трудному и сложному. Она прошла через те же самые этапы, которых не миновал ни один из французских мастеров, даже самых левых. И характерно, что, когда эта художница, казалось бы столь индивидуалистически настроенная, открыла в Киеве школу живописи для молодежи, она заставляла своих молодых учеников не подражать последним выводам своего искусства, но последовательно пройти через различные стадии французской живописи, дисциплинируя их на Сезанне, Матиссе, а потом уже на кубизме. Сама она начала с неоимпрессионизма, то есть с чисто живописных исканий, которые благодаря разложению цвета на отдельные элементы обеспечивали наибольшую светлоту и воздушность колорита. Таковы были первые натюрморты и парижские пейзажи Экстер, а затем и большие ее панно, изображающие природу Швейцарии и Бретани. Уже в этих прозрачных светло-зеленых гармониях обнаружились декоративные наклонности художницы, ее забота об общем впечатлении, об „ансамбле" картины. Но пока еще этот ансамбль в силу дробности самой пуантилистской манеры носил иллюзорный, узорно-кружевной характер.

Однако именно это стремление к „общему" должно было заставить художницу перейти от однообразия аналитической манеры неоимпрессионистов к чему-то более целостному. Неоимпрессионизм, лишь скользящий по поверхности вещей, не мог удовлетворить Экстер, и вскоре она дала серию натюрмортов более звучных, густых и выразительных; то были цветы, написанные с сочностью, которая так пленяла художницу в живописи неистового Ван Гога.

До сих пор художница упивалась чистой живописностью. Но настал момент, когда потребность более целостного миропостижения заставила Экстер отдать свое внимание и другому моменту искусства: форме. Очень знаменательно, что художница, столь современная по своим чувствам, живя в Париже, увлекалась музейными картинами Пуссена и старательно изучала их композицию. Этот перевес интереса к проблеме формы (т. е. к линии, к светотени, к композиции) за счет интереса к „живописности" определился в искусстве Экстер к 1910 году. Как раз в этом году парижская молодежь сплотилась на „Выставке независимых" в группу кубистов. Отныне на некоторое время Экстер отвернулась от полихромии своих первых работ и добровольно ограничила свою палитру скромной серой гаммой для того, чтобы с тем большей страстью отдаться задачам формы.

К этому периоду (1910–1912) относятся новые пейзажи городов Генуи, Венеции, Парижа, Москвы. Если в первых ее пейзажах Швейцарии и Бретани мир казался зыбким кружевом, то теперь он уплотняется и тяжелеет под ее кистью. Ее образы городов укладываются в комбинации четких, пластических форм: дома, мосты, арки, трубы, даже дым и речные отражения образуют единое целое, уравновешенное и замкнутое в овале или ромбе, словно некая гирлянда или венок. Композиционная спайка, связующая эти формы, так ощутима, что кажется: стоит вынуть одну форму, одно звено, и все разомкнется и рассыпется.

С этой сцепленностью композиции своеобразно сочетается нежный и женственный колорит, целая гамма разнообразных пепельных, стальных, серебристых, зеленоватых и сиреневых красок. В этом слиянии женственно тонкого колоризма с мужской „организованностью" композиции – та же, ранее указанная мною, черта, характеризующая двуединую натуру художницы. И это как раз то, что выделяло Экстер среди других кубистов, ее друзей, на выставках Парижа и Италии, в которых она стала принимать участие в 1910-х годах. На общем фоне кубистической живописи работы Экстер выделялись отсутствием той геометрической сухости, того „научного" холода, которыми веяло от большинства произведений кубистов с их однообразно-белесоватой палитрой и педантическим разложением предметов. Кубисты объявили войну красочности, допуская только нейтральный известково-серый колорит. Экстер, как мы еще увидим, при всей ее близости к кубизму никогда не могла вытравить из себя любви к живому и богатому цвету.

Городские пейзажи Экстер уясняют нам как бы самое психологическое происхождение ее кубизма. В век города с его четкими и острыми, каменными и металлическими формами могла ли художница удовлетвориться теми чисто живописными гармониями, которыми могли еще удовлетворяться Клод Моне и К. Писсарро? Нет, чисто красочный иллюзионизм, одна лишь игра света и тени, одно лишь дрожание воздуха не могли удовлетворять того, кто хотел быть современным, кто дерзал сорвать с мира покров случайностей и познать его объективную сущность. Эта пытливость современного сознания и толкала художницу воспринимать окружающее не только зрительно, но и осязательно, пластически, словно ощупывая глазом объем каждой формы и взаимоотношение между этими формами в пространстве. Отсюда это стремление подчеркивать уходящие вдаль плоскости предметов, гранить и чеканить их, превращать в твердые и четкие тела то, что прежним поколениям казалось лишь явлением, лишь живописным миражом.

Еще великий рисовальщик Энгр говорил своим ученикам: „Господа, все имеет свою форму – даже дым“. Эти слова Энгра и раскрывают перед нами ту, казалось бы, парадоксальную связь, какая существует между современным кубизмом и классицизмом. Когда Александра Экстер изучала в Лувре картины Пуссена, разумеется, ее привлекало к себе не литературно-мифологическое содержание его произведений, а та ритмическая уравновешенность масс (деревьев, гор, дворцов и фигур), которая превращала его итальянские пейзажи в пейзажи архитектурные, скомпонованные (paysages composés), в произведения grand'art.

Но как примирить эту симпатию художника с современными нервами к этому пафосу композиции? Единственное примирение – закон контраста. В душе художника всегда пребывает потребность гармонии. Современная городская цивилизация с ее динамическим хаосом, с ее вечным движением, нагромождением, столкновением и пересечением форм не могла не вызвать у художника желания противопоставить всему этому свое „я“, свою организующую и упорядочивающую волю, чтобы иметь возможность даже перед лицом этого хаоса воскликнуть словами Фауста:

> Wie alles sich zum Ganzen webt,
> Eins in dem andern wirkt und lebt.

Найти в эмпирической действительности скрытые и управляющие ею законы ритма, выявить их, сделать мир более закономерным, более уравновешенным, более „построенным“, чем он есть – таков психологический импульс современного „конструктивизма“ в живописи[1].

Мы подошли здесь к подоплеке нового искусства как нового мироощущения. Можно совсем не разделять крайностей французского кубизма, сводящего все богатство мира к комбинациям из кубов, конусов, цилиндров, шаров и превращающего даже человеческий образ в сооружение из кирпичиков. И однако нельзя не признать за ним элемента здоровой реакции против атмосферности всех видов живописного импрессионизма. Современный человек пожелал преодолеть фрагментарность и импрессионизм своего миропознания и во что бы то ни стало добиться обобщения, синтеза, стать на более твердую, объективную почву, закалить свой дух. Отсюда эта суровость и ригоризм новой живописи, ее „каменный“ стиль, ее симпатии к пластичности за счет красочности. И здесь неожиданный мост, связующий современность с прошлым, кубизм с барокко, с Пуссеном, Греко и еще дальше – с Микеланджело, говорившим, что живопись тем выше, чем более она приближается к скульптуре, и Паоло Учелло, фанатически изучавшим анатомию человека и форму шаров.

Эта жажда пластического синтеза свойственна Александре Экстер более, чем кому бы то ни было. Ее натура женщины не может не требовать гармонии, равновесия; а ее полугреческое происхождение делает эту потребность гармонии еще более объяснимой, естественной. Она никогда не разделяла крайностей кубизма, который провозгласил, что только станковая картина имеет право на существование, что декоративность – предрассудок, что картина – сама в себе цель. Декоративный инстинкт никогда не умолкал в Экстер. Ее кубистические холсты всегда задуманы как густо заполненные, равномерно насыщенные формой холсты. В них нет пустоты. Экстер рассматривает городские пейзажи словно сверху и распластывает их на поверхности холста сверху донизу, играя контрастами форм и цвета, как Греко. Такова ее „Венеция“ (1915). Это не вид на Венецию, но новая Венеция – расчлененная, разложенная на составные формы и сложенная заново. Это не Венеция Бедекера, но квинтэссенция Венеции, ее архитектурно-живописный итог.

Скрытый в Экстер архитектор сказался и в интересном макете театральной декорации на тему „Город“, который она разрабатывала в Киеве в 1917 году. Я не знаю, для какой именно пьесы готовился этот проект; думаю, что для никакой из существующих. Это узкое нагромождение домов, мостов, лестниц, площадок, труб, светящихся реклам, этот экстракт американизма мог бы служить декорацией к какой-либо ненаписанной пьесе Эдгара По, изображающей жуть и

[1] Этот фанатизм синтеза и ритма во что бы то ни стало в любопытной, почти парадоксальной форме сказался и в том факте, что, работая в Одессе в детской школе, Экстер вместо того, чтобы иллюстрировать сказку, дисциплинировала детей от 4 до 8 лет на схематическом изучении формы и ритма цветов и достигла поразительных результатов.

бесконечность города. И вместе с тем вся эта жуткая комбинация спиралей и площадок была уравновешена, соркестрирована в нерушимое целое, вытянутое кверху, как небоскреб, который не падает, несмотря на всю свою перегруженность.

В указанном макете Экстер впервые применила в качестве живописных средств различные материалы помимо красок – гипс, жесть, бумагу, куски газет и афиш. В станковой живописи она почти никогда не прибегала к этим искусственным приемам, ограничиваясь масляными красками. Но зато в пределах живописи маслом она вскоре же поставила перед собою ряд формальных задач. Совершенно очевидно, что первоначальное ее колористическое самоограничение не могло быть иным, как временным, и к пластическим исканиям вскоре должны были присоединиться искания цветовые, связанные как с изучением природы цвета, так и зависимости между ним и формой.

Эта новая задача концентрирует на себе все ее внимание и заставляет ее прямолинейно отказаться и от тех намеков на реальность и предметность, какие были в ее прежних работах. Художница погружается в чистые и холодные радости отвлеченной работы глаза, как философ или математик, имеющий дело с миром чистых идей и понятий. Ее творчество приобретает совершенно беспредметный характер, становится живописью „абсолютной" и „чистой", имеющей оправдание только в самой себе, как музыка, оперирующая только магией звуков. Художница берет от предметного мира только то, что ей нужно для данного этапа ее искания. Движимая примером Пикассо, автора „Музыкальных инструментов", она делает шаг гораздо более резкий и прямолинейный – с чисто русской последовательностью, доходя до последнего логического предела. Пикассо разлагает „Музыкальные инструменты" на разноокрашенные плоскости, но все же сохраняет утилитарную форму этих конкретных частей. Экстер идет дальше: она порывает связь между плоскостями и предметами; она совлекает с предметов их поверхности и изучает их в различных комбинациях, как самодовлеющие абстрактные ценности. В этих разного цвета и формы геометрических фигурах, вьющихся как ленты, парящих как аэропланы или низвергающихся по белому холсту, Экстер интересует тот или иной статический или динамический ритм композиции и в то же время – звучание самой краски. Ибо Экстер всегда остается живописцем. В противоположность супрематизму, отправляющемуся в своих исканиях от линейных начертаний как таковых, она всегда исходит от цвета. Сезанн говорил: „Когда цвет полнозвучен – полновесна и форма". Именно такая неразрывная связь между цветом и формой у Экстер. Ее композиции, даже самые абстрактные, построены на контрастах между цветами и их тонами; но эти контрасты ее изощренный взор улавливает не только в полярности „взаимодополнительных" цветов, которая определила собою живопись импрессионистов, а в совершенно новых, раньше не осознанных свойствах цвета – свойствах динамических.

В бытии красок она улавливает новую таинственную жизнь. В своих работах художница изучает цвет с точки зрения его легкости или плотности, его спокойствия или, наоборот, скрытой в нем двигательной силы.

В связи с этим изучением линии, формы и цвета следует упомянуть и об упорных исканиях художницы в области самой техники – манеры письма, того, что называется фактурой. Экстер любит живопись, как мастер-ремесленник, а поэтому любит и самую поверхность картины и добивается наибольшего разнообразия ее обработки. Она помнит завет Сезанна: „Надо быть рабочим в своем искусстве".

И, как я уже упоминал, говоря о школе Экстер в Киеве, сама она с покорной любовью изучала фактуру, манеру грунтовки и письма Сезанна, Матисса и Пикассо, прежде чем выработала собственные приемы фактуры.

Здесь перед нами новая характерная черта современной живописи. Она интересуется техникой совсем не так, как интересовалось ею прежнее поколение художников. Тогда техника считалась тем совершеннее, чем более она была скрыта за ловкими trompe l'oeil, чем „живее" и „правдивее" художник передавал иллюзию действительности. Современное художественное сознание как в прикладном искусстве, так и в чистой живописи, начиная с Сезанна, относится с гораздо большим уважением к материалу, к вещественности. Современный художник не стремится к аккуратной гладкости письма, он не скрывает свою технику под внешней ловкостью руки. Наоборот, он стремится объективировать в своей технике представление о самой природе изображаемого предмета так же, как в своем формопонимании он стремился объективировать форму, отвлекаясь от условий света и воздуха. Так и Экстер. Она добивается умения сделать поверхность своего холста то гладкой или зернисто-шероховатой, то известковой или эмалево-блестящей, ибо от той или иной манеры покрытия холста зависит легкость или тяжесть данного цвета, а следовательно и вес данной формы.

Итак, линия, valeurs'ы, цвет и техника – все это в глазах Экстер внутренне связанные между собою элементы, совокупность которых и образует композицию, высшую цель живописных исканий художницы.

Странное, волнующее впечатление производят эти „беспредметные" работы художницы. Взор зрителя, привыкший к окружающему миру реальностей, прежде всего ищет в них человеческого содержания, аналогий или намеков на какиелибо привычные конкретные образы – и с тщетным разочарованием готов уже отвернуться от них, от этих „ничего" не изображающих холстов. Но отвернуться уже нельзя – он уже начинает ощущать холодные и чистые, как музыка, чары этих парений и низвержений разноцветных форм среди бесконечного пространства белого холста. И взор его, повинуясь ритму и темпу художницы, послушно бродит по этим неведомым лабиринтам: влечется к тепло-горячим лимонно-оранжевым поверхностям, проваливается в интервалы и глубины, образуемые синим и черным, снова выплывает наружу и покойно скользит по блестящей, как эмаль, поверхности белого. Это не портрет, и не пейзаж, и не натюрморт, это какой-то „надгорний мир", в котором живут лишь чистые идеи живописи: идея пространства и глубины, идея равновесия и движения.

Но этот мир для художницы вовсе не башня из „слоновой кости", в которой она замыкается от прекрасной земли. Наоборот, это лишь рабочая мастерская, лаборатория, где подготовляются путем долгих и мучительных опытов те самые результаты, которые нужны там внизу, в мире человеческих чувств и страстей...

II.

Параллельно с работой над проблемами станковой живописи Экстер с 1916 года отдает свои силы служению театру – декорации и костюму. За последние годы декорированы столь разнообразные по стилю пьесы, как „Фамира Кифаред" Анненского, „Ромео и Джульетта" Шекспира, „Дочь Иорио" д'Аннунцио, „Саломея" О. Уайльда и др.

Как примирить только что рассмотренную нами абстрактную живопись Экстер и ее лабораторный фанатизм с прикладной работой в театре, с иллюстрированием исторических пьес? Казалось бы, что общего между ними? Может быть, это дань моде, компромисс, вызванный тем небывалым расцветом театра, который характеризует собой русскую жизнь эпохи революции и современную Советскую Республику.

Нет, все, что делает Экстер, вызвано прежде всего внутренней логикой ее искусства, потребностью ее ищущей натуры. Разумеется, ее влечет в театр не то, что устремляло к нему прежнее, старшее поколение русских живописцев, известное под именем группы „Мира искусства". Таковы были: Александр Бенуа, Бакст, Добужинский, Анисфельд, Сомов, Рерих и другие. Эти художники, столь хорошо известные за границей, пленялись театром потому, что именно под его волшебной сенью могли пышным цветом распуститься их любовь к старине, их мечта о реставрации прошлых стилей, более красивых, нежели наша городская современность. Для них театр был как бы убежищем от этой современности, убежищем, уводящим в монументальное величие Короля-Солнца, в пряную чувственность экзотики или нежно-голубую clair de lune романтики. Конечно, эти русские живописцы сделали огромный шаг вперед по сравнению с той натуралистической, ремесленной, археологической и этнографической „правдой", которая царила на оперной и балетной сцене европейских театров, ибо они внесли в свои декорации чары подлинной живописи и изящество графики. Но именно потому, что они были только живописцами, они привели к обратной крайности – к засилию на сцене живописи, к тому, что интересы „стиля" и „красочности" стали доминировать над интересами актерского искусства, к тому, что живой человек – актер – превратился в красочную арабеску, растворившуюся в общем карнавале полихромии.

Совершенно иные мотивы влекли на сцену Экстер. Мотивы, весьма далекие от реставраторских мечтаний, но продиктованные как раз обратным – инстинктом современности, которому нужны были просторы более широкие, нежели рамки станковой картины. Ибо Экстер остается декораторшей с современной душой даже и тогда, когда иллюстрирует древнегреческую или средневековую пьесу, ту и другую в горниле современного духа.

Я уже указывал на то, что в противоположность большинству кубистов у Экстер чувство синтеза всегда преобладало над чувством анализа, общее – над расчлененностью. Кубисты объявили смертный приговор декоративной, прикладной живописи, провозгласив станковую картину, ничем не связанную с окружающей стеною, самоцелью. Наоборот, Экстер всегда тянуло к задачам декоративным, к тому, чтобы подчинить композицию каждой своей работы – замкнутому ритму, а всю картину – воображаемому ансамблю воображаемого intérieur'a. Это стремление к созданию целого кубистического „стиля" прежде всего сказалось в художественно-промышленных работах художницы, выставленных в 1913 году, в которых ей легко и естественно удалось применить принципы своего „живописного динамизма" к украшению вышитых ширм, подушек, зонтов, шарфов и платьев; все эти предметы моды, столь часто становившиеся жертвами дамского дилетантизма, расцвели под рукою Экстер звучными и полными движения арабесками, в ритме которых была острота XX века. Отсюда был всего лишь один шаг до театрального костюма, до театральной работы – сначала росписи стен фойе, затем театрального занавеса и, наконец, создания самих декораций. Этот шаг и был сделан художницей в 1916 году, когда она получила заказ декорировать „Фамиру Кифаред" от самого молодого и передового московского театра (Камерного театра).

Но это не значит, что только одни чисто декоративные увлечения влекли художницу в лоно театра. То была жажда не только украшать, но и строить – в том смысле, в каком мы понимаем разницу между этими терминами, говоря о декоративном и конструктивно-органическом стилях в архитектуре. В сущности, уже в создании художественно-промышленных предметов, как ширмы и зонтики, сквозила эта воля живописца выйти за грани живописи, за границы двухмерной поверхности и дать настоящие продукты своего труда, своего производства. (Ту же самую психологическую близость современного живописца к ремесленнику я подчеркивал, говоря о нынешних исканиях в области фактуры, т. е. обработки холста.) И разве, в сущности, весь кубизм как художественное течение не является попыткой живописи, быть может даже трагической, преодолеть свою плоскостную ограниченность, завоевать третье измерение, сравняться со скульптурой?

Вот именно, коррективом к этой роковой ограниченности живописи и явился для Экстер театр. Сюда принесла она свою жажду синтеза – синтеза линии, формы и цвета, которого добивалась в своих лабораторных отвлеченных холстах. Сюда, на подмостки сцены принесла она свою жажду не только писать красками по гладкому холсту, но и создавать, производить, строить, ощущать радость осязания, радость архитектора. Она была не белоручкой-декоратором, который создает акварельные эскизы сценических „павильонов" или „пейзажных фонов"; она была работницей сцены, которая клеит макет и предопределяет собственными пальцами каждый выступ, каждый угол сценической коробки.

Здесь вполне и раскрывается перед нами главная разница между симпатиями художников „Мира искусства" и сценическим направлением Экстер. Для первых театр был царством красочной иллюзии; для второй он явился тем фундаментом, на котором – хотя бы из картона и фанеры – можно было возвести здание новых форм, где можно было удовлетворить – хотя бы из папье-маше и фанеры – ту самую жажду строительства, балансирования массами, жажду композиции, какая не могла быть удовлетворена двухмерной станковой картиной...

Новаторство Экстер заключалось в том, что вместо иллюзорно написанных декораций она стала строить их из упрощенных трехмерных форм. Эта тенденция вполне совпадала с тем выводом, к которому все более и более приходила эволюция самой театральной мысли. Давно уже и за границей, и в России обнаружился глубокий кризис искусства сцены. Реализм завел его в тупик, ибо чем более напоминала иллюзию действительности написанная на холсте декорация, тем более шокировала она мало-мальски чуткий глаз режущим несоответствием неподвижного плоского фона (на который, как бы перспективно ни имитировал он глубину и даль, все же падали предательские тени) с живой, движущейся, круглой, т. е. трехмерной фигурой актера. И различные революционеры и реформаторы европейского театра давно уже по-разному искали выхода из этого тупика. Одни – в замене декорации нейтральными сукнами и ширмами (Крэг, Рейнгардт), другие – в сообщении решающей роли на сцене свету (А. Аппиа), третьи – в возврате к неподвижно-архитектурному фону античной сцены (Г. Фукс) и т. д. Маленький московский театр, руководимый А. Таировым, нашел с помощью Экстер наиболее правильное и обеспечивающее интересы театральности разрешение этого „проклятого вопроса“ сцены.

Еще А. Аппиа метко заметил где-то: „...не человек для декораций, а декорация для человека“. А раз это так, следовательно, декорация нужна на сцене лишь постольку, поскольку она нужна для выявления человека на сцене – как рамка и пьедестал для актера, как площадка для движения человеческого тела. На сцене не должно быть ничего лишнего, самодовлеющего, приятного само по себе, а только то, что имеет значение „рабочее“, что нужно для игры. А так как это играющее на сцене человеческое тело трехмерно, кругло, следовательно, и декорация должна быть трехмерной, не написанной, а действительно построенной и окрашенной. Только такая объемно-линейная, пластическая декорация сочетается с телом человека, с его положениями и жестами. Так, совершенно неожиданно кубизм, провозглашающий себя „чистой“ и „абсолютной“ живописью, нашел свое приложение в театре и более того – помог ему, театру, освободиться от прежней диктатуры живописцев и осознать свое значение как особого, чисто театрального искусства – искусства прежде всего динамического.

Первым и сразу же удачным театральным опытом Экстер была работа в 1916 году над пьесой покойного русского поэта Иннокентия Анненского „Фамира Кифаред“, в которой античный мир прихотливо сплетен с острой иронией модернизма. Здесь впервые испробован был на европейской сцене принцип „пластической декорации“ пейзажа, который сведен был к нескольким простейшим формам: синим, разной ширины ступеням, черным коническим кипарисам и золотым и черным кубообразным камням и скалам. Вместо написанного фона задником служило простое полотно, пропускающее свет, который, благодаря особой системе Зальцмана, насыщался большим разнообразием оттенков от лунно-голубых и оранжево-опаловых до багрово-красных. Ни одна из пластических форм не оставалась неиспользованной в процессе спектакля: на широких ступенях извивались тела вакханок, на кипарисы взбирались сатиры, а к камням скал гармонически приникала величественная и скорбная фигура героя пьесы, Кифареда. Широкие и плавные его жесты, равно как и экстатически воздетые в страстной истоме руки вакханок, находили свое соответствие в простых, суровых и величавых вертикалях кипарисов, и зритель уже не ворчал, что эти схематические кипарисы похожи скорее на конусы, чем на деревья. Правда художественная восторжествовала над „правдой“ обывательской.

Второй задачей, выдвинутой Камерным театром перед Экстер, была „Саломея“ О. Уайльда. И здесь в основе декорации положен был архитектурный принцип – сцена разделена была по диагонали двумя подставками, между которыми возвышалась круглая винтообразная лестница, терявшаяся за кулисами. Но тут Экстер впервые применено было и второе новшество, почерпнутое ею из „абстрактных“ опытов – принцип движущихся декораций, т. е. различного цвета и формы кусков материи, движущихся по всем направлениям в связи с развитием хода пьесы. Целый диапазон возможностей мыслим здесь: в области формы – поверхности диагональные, клинообразные, прямоугольные; в области движения –

их взлет, падение, разрыв, нагромождение, движение вглубь, вверх, в стороны. Этой динамикой декораций достигался двоякий результат. Во-первых, при наличии одного и того же архитектурного остова постановки только эти цветные завесы и определяли собою перемену места и времени каждого акта. Во-вторых, различные формы, цвета и самое движение этих кусков материи как бы символизировали собою тот или иной психологический момент драмы. Эти движущиеся цветовые поверхности действовали на зрителя чисто эмоционально, как музыкальные аккорды, как стихия цвета в своем чистом виде. Именно о таком почти „психо-физиологическом", „чувственно-моральном" воздействии цвета, как патологическом аффекте, думал некогда Гете в своей Farbenlehre; о подобной же роли краски мечтал и Делакруа, когда говорил, что живопись близка музыке и математике.

И вот перед нами целая клавиатура красок, сопровождающих, как оркестр, развитие „Саломеи": от серебро-лунных до черных, на общем фоне красного занавеса – лейтмотива этой драмы любви и смерти, которая завершается быстрым падением над убиваемой Саломеей пяти острых, как ножи гильотины, клинообразных черно-бархатных полотнищ. Сравнивая эту условную постановку „Саломеи" с постановкой Бакста и Иды Рубинштейн в Париже, я думаю, что подлинный О. Уайльд с его драгоценной изысканностью слов, с его александризмом и прерафаэлизмом был не там, где Бакст дал реальную лунную перспективу Иерусалима и неподвижную луну, а скорее здесь, в этой искусственной оправе из серебра, золота, черного бархата и красно-багрового света...

Оба указанных принципа: трехмерное построение декорации и динамика цветовых поверхностей – нашли свое синтетическое применение и в третьей превосходной постановке Камерного театра – „Ромео и Джульетте" Шекспира (1920–1921). Впрочем, здесь было и нечто новое: разработка сцены в высоту[2]. Вся декорация этой пьесы вздымается кверху рядом остроугольных, один над другим воздвигнутых белых мостов, переброшенных от дома Монтекки к дому Капулетти. Эти мосты с полом и башней Джульетты образуют целых семь разной высоты площадок для игры актеров, благодаря чему вся сцена снизу доверху заполняется и оживляется движением.Так, сцена массовой схватки враждующих семейств дает великолепный, впервые явленный в театре, коллективный эффект: не только пол сцены, но вся она во всю свою высоту зацветает ритмическим сверканием шпаг и яркой игрою костюмов. Между домами протянута завеса, лимонная с диагонально пересекающей ее зеленою полосою; движение этой завесы и различная ее окраска в зависимости от света, а также спуск других завес и обусловливают перемену действия. Так, комната Джульетты замыкается от мостов фиолетовым занавесом; пышность бала символизируется богатством оранжевой завесы, а последняя сцена трагического финала протекает на торжественно-малиновом фоне. Следует добавить, что художница впервые ввела здесь в декорацию инородный материал – блестящую жесть (мотив канала), которая в лучах белого света давала чудесное сияние водного зеркала, повышая общее впечатление рыцарской гармонии.

Первоначальный макет этой декорации задуман был в более отвлеченном стиле – в духе расчлененно-изломанного барокко. Эта совершенно белая декорация создавала впечатление какого-то холодного, девственно-льдистого царства, сложного, как „Лебедь" Малларме. На сцене этот проект оказался слишком сложным, и для второго сезона (1921 года) художница изменила его, внеся большее упрощение и конкретизацию. Правда, и на этот раз она дала декорацию, ничего общего не имеющую с археологическим и историческим воссозданием Вероны. Но ее декорация насытилась горячей кровью и плотью. Белый цвет уступил место жгучей гамме охры и сиены, в которую окрасились дома Капулетти и Монтекки, а от их архитектуры и пропорций повеяло словно далеким и смутным воспоминанием средневековых итальянских миниатюр с их полувизантийскими пропорциями и перспективой.

Обнаруженное здесь умение художницы, еще столь недавно одержимой чистой абстрактностью, приблизиться к живому, конкретному впечатлению рыцарской Италии – новая черта, новая грань в развитии ее дарования[3]. Впрочем, уже и раньше эта способность откликаться на требования реальности сказывалась в той сфере театральной работы Экстер, о которой мы еще не говорили – в области

[2] Эта проблема построения сцены в высоту теоретически еще раньше разработана была художницей в маленьких макетах „Города" (о чем я уже говорил) и „Венеции" (см. иллюстрации). В макете „Венеции" движение, начиная с черного объемного круга, увенчанного белыми винтообразными лестницами, идет по ряду лестниц и перекинутых мостов. Все это – белое с красным и черным, разбиваемое вертикальными плоскостями из стекла, зеркала и жести (мотивы канала).

[3] Для фактической полноты упомяну еще, что Экстер работала и над другими предполагавшимися постановками: „Дочери Иорио" д'Аннунцио, „Электрических кукол" Маринетти, балета Мордкина и т. д.

театрального костюма, отличающегося не только великолепием цвета, но и острой выразительностью рисунка. Бесспорно, Экстер не имеет себе равных по мастерству костюмерного творчества.

III.

Речь о театральном костюме Экстер приходится начинать с новой главы потому, что, действительно, эта старая и пришедшая в ветхость отрасль театра оплодотворена художницей совершенно новыми соками.

Здесь, как и во всем, что делает Экстер, сказывается ее культура. Внося дух современности в создание костюмов для театра, художница вовсе не аннулирует историческую эволюцию костюма. Нет, она знает, что для художника необходимо изучить стиль, характер каждой данной эпохи, но зато, изучив, она дает свой собственный синтетический образ. „Надо, чтобы зритель был покорен убедительностью исполнения, захвачен представлением художника и не рассуждал бы о том, верно ли это исторически и сделано ли это по документам" – так формулирует сама художница задачу костюмерного творчества.

Это представление художницы о костюме прежде всего согласовано с основным принципом ее декораций, т. е. трехмерностью. Здесь область „взаимного обязательства". Трехмерные декорации с пластически показанными плоскостями соответствуют круглоте человеческого тела. Так, даже в „Фамире Кифаред", где Камерным театром была мужественно показана нагота, по замыслу Экстер тела вакханок и сатиров были подчеркнуты штрихами грима, делавшими рельефными основные мускулы и линии фигуры. Но здесь костюм был разрешен еще в полудвухмерном смысле, как барельеф. В дальнейшем, в связи с „одетыми" постановками, эта задача стала еще яснее. Ибо, будучи облечено в мягкие тряпки, тело может утратить пластичность. Поэтому в интересах пластической гармонии на сцене – в этом царстве условности – необходимо утрировать трехмерность и самой человеческой фигуры. Такова первая новая ценность костюмов Экстер: каждый из них мыслится художницей как трехмерное и пластически твердое целое, как живой движущийся рельеф, как живая цветная скульптура. Это не просто мягкие ткани, облекающие тело актера в зависимости от его индивидуальной фигуры и развевающиеся в зависимости от его индивидуальных движений – здесь все заранее предупреждено самой художницей: и общий контур костюма, и его объем, и его складки. Эта пластичность достигается тем, что костюм расписывается, причем складки углубляются краской, а основные линии его получаются с помощью проволоки или твердой подкладки.

Костюмы Экстер не „нарисованы" и „сшиты", но сконструированы – сконструированы из различных поверхностей так же, как и ее декорации. Но чем же обусловлена та или иная конструкция костюма? Его характером, требуемым пьесой и по-своему претворенным художницей. Одевая человека, Экстер считается не только с органически-конструктивными линиями человеческой фигуры (как линия бедер или плеч), но часто и деформирует ее в интересах характерности, для утрировки того или иного отпечатка эпохи. Она мыслит свои костюмы как грим тела, как маску фигуры; каждый ее костюм задуман как нечто целостное с головы (или даже с пера головного убора) и до пят, в котором ничто не предоставлено случаю, прихоти портнихи или актера. Здесь все предопределено волей художницы, создающей сообща с режиссером твердый рисунок роли – ее скелет и ее окраску. Ибо в костюмах Экстер форма, цвет и даже тот или иной материал, взаимно дополняя друг друга, служат одной и той же цели: максимальной выразительности. В полном соответствии с выводами своих лабораторно-фактурных исканий художница не только раскрашивает костюмы разными красками, но и вводит в них неодинаковые материалы, варьируя их в зависимости от необходимости того или иного впечатления: тяжести или легкости, блеска или матовости (так, в одном и том же костюме применяется полотно, шелк, бархат).

Характер той или иной эпохи или человека раскрывается яснее всего в движении. И здесь вторая черта костюмерной эстетики Александры Экстер: она задумывает свои костюмы почти всегда динамически. Отлично изучившая историю одежды и быта, художница знает, что каждая эпоха имела свою манеру ходить, стоять, сидеть, что костюм был всегда своего рода аккомпанементом жеста. И поэтому точкой отправления ее при создании того или иного костюма является то или иное доминирующее движение по сцене данного персонажа, его ритм, его темп – согласованный с общим ритмом и темпом всей пьесы. Костюмы Экстер – это и есть застывшие в линиях и красках человеческие ритмы. Различные движения – и различные костюмы, как по своему построению, так и по своим краскам. Это впечатление динамики достигается трояко: с помощью кисти, подчеркивающей в складках ритм движения тканей, как в „Саломее", с помощью различных материалов (так, куски бархата в костюме производят впечатление замедления, а шелка – легкости, мелькания и ускорения) и, наконец, с помощью различия в цвете (который может заглушать или путем контраста усиливать остроту жеста). Не меньшим элементом „движения" является и самый орнамент, покрывающий костюмы Экстер и взятый ею преувеличенно крупными фрагментами, которые контрастируют с общим ритмом костюма и тем самым усиливают этот ритм.

Таковы основные законы этой новой „пластической" теории театрального костюма. В нем все искусственно, все написано, подчеркнуто, составлено из различных материалов, но благодаря этой искусственности достигнута наибольшая жизненность, наибольшая театральность, наибольшая выразительность впечатления.

И если от этих общих замечаний мы перейдем к театральному гардеробу Экстер, то перед нами откроется ослепительное разнообразие образов, целая галерея характеров и чувств, нежных, как лирика, или резких до гротеска. Вот костюмы „Саломеи" – тяжеловесные, великолепные облачения Ирода и Иродиады с монументальными головными уборами и шлейфами, чуждые банальной экзотики Востока, но зато исполненные „анахронической" пышности мистерий; вот строгий, почти колючий по линиям, серебристо-голубой костюм Саломеи, отражающий всю ее жестокую, острую, нетерпеливую чувственность девственницы... Вот костюмы к „Ромео и Джульетте", построенные на одном и том же лейтмотиве: волнообразной линии барокко, завивающейся спиралью перьев на головных уборах и плащей на плечах. Вот нежно благородные костюмы „вечных любовников": малиновый у Ромео и лимонно-розовый у Джульетты, и в противоположность им вот пышные, звучные, яркие, гротескно утрированные костюмы всех остальных персонажей, свидетелей этой „печальной повести". А вот и современные маски Арлекинады, врывающейся в эту старинную повесть острыми, как пламя, языками красок – по мысли режиссера, желавшего показать вневременный и вечный смысл шекспировской трагедии.

Этот неожиданно обнаружившийся в процессе театральной работы интерес художницы к выразительности человеческой фигуры (столь не жалуемой ею во всем остальном ее безлюдном творчестве) нашел себе другие точки приложения и помимо масок Камерного театра. Экстер подготовила ряд костюмов для постановок Московского Художественного театра и его студий. Таковы, прежде всего, чудесные костюмы к комедиям Сервантеса. В этих испанских костюмах Экстер нет ни Зулоаги, ни Англады – в них couleur locale понят и претворен по-своему. Художница почувствовала Испанию как страну, в которой монументальный пафос сплетается с почти гротескной выразительностью характеров, и от остроты гигантских шляп и воротников ее костюмов веет поистине сгущенной остротой и напряженным темпом „комедий шпаги и плаща".

Еще более неожиданно увлечение Экстер выразительностью старого, косного русского быта. Ее проекты костюмов к пьесе Сухово-Кобылина „Смерть Тарелкина" диаметрально противоположны испанским: здесь все статично, приземисто, тяжеловесно, карикатурно. Но эту карикатуру на уродливость русского быта художница сумела довести до художественной остроты каких-то capriccio Гофмана, а эту рыхлую русскую гофманщину она облекла в форму почти скульптурную, почти монументальную по своей линейной четкости. Экстер нашла статуарную пластическую схему там, где до нее другие художники-декораторы видели лишь царство красочной пестроты и узора (Кустодиев, Юон); она сделала попытку найти даже и в уродливой жизни старой России какой-то высокий патетический стиль. Ее проекты костюмов к „Смерти Тарелкина" словно проекты памятников.

Так парадоксально утверждает себя повсюду, будь то отвлеченные цветовые поверхности, Восток, Италия или Россия, XV век или современность, та жажда синтеза, порядка и стиля, которой проникнута Экстер.

* * *

Мы видим: деятельность Экстер протекает в двух направлениях – в области чистой художественной мысли, бьющейся над разрешением формальных проблем живописи (формы, цвета, композиции), и в области конкретного приложения своих лабораторных достижений к искусству современной сцены (декорация и костюмы), перед которым она открыла немало новых художественных возможностей. Такова параллельная работа ее в „горней сфере" чистой живописи и на практической, земной почве; впрочем и здесь, на этой земле, под кровлей театра, Экстер работает не как стилизатор, а как творец, по-новому претворяющий элементы старых стилей.

Но разумеется, театр не может быть конечной целью художницы, ибо искусство сцены, столь радующее нас, сегодняшних зрителей, – с точки зрения вечности эфемерно, временно, мишурно; оно лишь заменяет картину на холсте картиной на сцене. И хочется верить, что настанет момент, когда Экстер сольет обе линии своей деятельности, чистую и прикладную, в одну – когда она использует свои лабораторные достижения для создания „картины" в подлинном смысле этого слова, в смысле Пуссена, которая и будет венцом ее эстетических порывов.

Александра Экстер уже много сделала; ею пройден путь, полный творческих усилий и редкой работоспособности; она имеет уже учеников (особенно в области театра). Но она вся еще в будущем. Это одна из тех натур, которые могли бы сказать о себе словами Фауста: „Я – человек; мне чужд покой". Она никогда не остановится в своем развитии; она всегда будет предпочитать стремление – обладанию, поиски – достижению.

В этом смысле Александра Экстер интересует нас не только как данная индивидуальность, но и как символ, как выразительница современного художества вообще – современного европейского художества со всеми его трагическими муками, углубленными поисками и заветными мечтами. В личности этой женщины, как в фокусе, отразилась наша культура – критическая культура, балансирующая на остром рубеже двух эпох.

Ромео и Джульетта
Эскиз костюма к спектаклю. 1921
Картон, смешанная техника. 54 x 36,2
Государственный центральный театральный музей
им. А. А. Бахрушина, Москва

Romeo und Julia
Kostümentwurf 1921
Mischtechnik auf Karton, 54 x 36,2 cm
Zentrales A. A. Bachruschin
Theatermuseum, Moskau

Ромео и Джульетта
Эскиз костюма к спектаклю. 1921
Картон, гуашь. 49,9 x 32,4
Государственный центральный театральный музей
им. А. А. Бахрушина, Москва

Romeo und Julia
Kostümentwurf 1921
Gouache auf Karton, 49,9 x 32,4 cm
Zentrales A. A. Bachruschin
Theatermuseum, Moskau

Jakob Tugendhold

Alexandra Exter*

La pittura è cosa mentale
Leonardo da Vinci

Il faut être ouvrier dans son art, savoir de bonne heure sa méthode de réalisation. Être peintre par les qualités mêmes de la peinture, se servir de matériaux grossiers.
Paul Cézanne

Die Malerin Alexandra Exter nimmt unter den Malern der sogenannten linken Richtung einen besonderen Platz ein. Sie hat sich diesen nicht durch Lärm und Tricks erworben, durch die die künstlerische Jugend aller Länder den Bourgeois zu bluffen und den Snob in ihre Netze zu locken sucht, um auf diese Weise der jungen Kunstrichtung den Weg zu ebnen. Im Gegensatz zu dem überall anzutreffenden Charakter der linken Strömungen, deren betriebsame Buntheit wie eine Harlekinade anmutet, zeichnet sich diese Malerin vielmehr durch seltenen Ernst in ihren Arbeiten und große Nachdenklichkeit in ihren Versuchen aus. Wenn man auch die neuesten Theorien nicht akzeptiert und die junge Schule, die sich als Vertreterin der „gegenstandslosen" Malerei betrachtet, sowie alle anderen modernen „ismen" für belanglos hält oder gar ablehnt, kann man doch nicht umhin, die Kunst Alexandra Exters anzuerkennen.

Es gab eine Zeit, wo ihre Werke ein Lächeln oder Empörung hervorriefen; aber Hartnäckigkeit und Aufrichtigkeit siegen doch am Ende. Alles, was Alexandra Exter macht, macht sie mit der größten Anspannung ihrer physischen und seelischen Kräfte. Die abstraktesten, rein formalen Versuche und die „gegenstandslosesten" Bilder, die komplizierten Versuche dieser oder jener Kombination von farbigen geometrischen Flächen sind bei ihr von einem qualvoll brennenden inneren Ringen beseelt.

Auf einem Gebiete jedoch ist ihr Schaffen nicht nur relativ durch seinen forschenden, experimentierenden Geist, sondern durch die positiven, unzweifelhaft erreichten Resultate von großem Interesse. Es sind die Bühnendekorationen und -kostüme, die die Malerin auf den Brettern verschiedener Moskauer Theater sehen ließ. Hatte sie doch schon früher ihre unzweifelhafte dekorative Begabung in kunstgewerblichen Arbeiten gezeigt, die von Anfang an nicht frauenhafter Dilettantismus, sondern ernste Kunst waren.

Alexandra Exters Begabung ist vielfältig und kompliziert. Als Frau gibt sie sich mit leidenschaftlicher Rückhaltlosigkeit dem allmächtigen Zauber der Kunst hin. Ich erinnere mich noch: während Kiew und Odessa bombardiert wurden (im heutigen Rußland keine seltene Erscheinung), arbeitete sie ununterbrochen ganze Tage unter der Begleitmusik zischender und donnernder Geschosse. Oft mußte sie aufzucken; das, was draußen auf der Straße geschah, beschäftigte sie und regte sie auf. Aber ihre freiwillige, rein männliche Selbstdisziplin in der Arbeit siegte über die Emotionen, die jeder Tag mit sich brachte. Alexandra Exter ist eine Frau, und das Ewig-Weibliche, etwas Lyrisches und Weiches zeigt sich nicht selten in ihrer Malerei und verschönt die abstrakte Strenge ihrer kubistischen Konstruktionen durch melodischen Formrhythmus und Zartheit des Kolorits. Doch ist dieses Ewig-Weibliche im Endresultat der Stimme des Intellekts, der stets die Arbeit ihrer Inspiration korrigiert, untergeordnet.

Über allem, was sie schafft, liegt der trockene Glanz einer nie erlöschenden, doch stets gebändigten Flamme, ein besonderes Pathos des Geistes. In diesem Sinne ist sie mit den anderen guten russischen Malerinnen verwandt, die an Zahl wohl gering sind, sich aber dadurch auszeichnen, daß ihr Schaffen mehr männlich originelle Kraft als Sentimentalität enthält, wie sie sonst für das Schaffen von Malerinnen gemeinhin charakteristisch ist (z. B. bei Angelika Kaufmann und Vigée-Lebrun). Solche Malerinnen waren auch Polenowa, Jakuntschikowa und die im Ausland wohlbekannte Gontscharowa.

* Der Text stammt aus *Alexandra Exter* von Jakob Tugendhold, erschienen 1922 bei „Sarja" in Berlin, im Original aus dem russischen übersetzt von Maria Einstein.

Doch unterscheidet sich Alexandra Exter von diesen russischen Malerinnen durch einen wesentlichen Zug: Während die Männlichkeit der anderen von einer gewissen Rustizität ist, was sich aus ihrer Begeisterung für das russische primitive Schaffen erklärt (Ikone, Volksbild, Pfefferkuchenformen), wird Alexandra Exters Kunst durch die westeuropäische Kultur verfeinert. Die Malerin hat vieles gesehen, weiß viel, hat vieles in sich aufgenommen. Sie ist in ihrem Herzen Russin, die Emigrantenpsychologie ist ihr fremd, aber ihr innerer Blick ist stets westwärts gerichtet.

I.

Ihre Entschlossenheit trieb sie gleich nach Beendigung einer russischen Provinzkunstschule in Kiew ins Ausland; 1907 beginnen ihre Wanderjahre.

Gewiß hat der akademische Westen Alexandra Exter nichts gegeben; ihr kurzer Aufenthalt in der Pariser Académie de la Grande Chaumière endete mit einem Skandal, wie er ja bei jeder überdurchschnittlichen Begabung die Regel ist. Der elegante Porträtist Caro Delvall, ein verdienstvoller Professor, war entrüstet über ihre Farbengebung, die schon damals mit akademischen Rezepten wenig zu tun hatte. Dagegen bot die ganze Atmosphäre von Paris wirksamste Förderung mit ihren Museen, Ausstellungen, Ateliers, Zeitschriften, Büchern, mit dem besonderen je-ne-sais-quoi, das ihr einen so eminent künstlerischen Geist verleiht; das alles gab ihr die Kraft, sich in den stürmischen Strömungen der modernen Malerei zu orientieren und für sich selber eine Richtung zu finden.

Alexandra Exter ist wieder ein Beispiel für die Rolle, die Paris spielt im Gegensatz zu der früheren Weltresidenz der Kunst, Rom. Während letzteres ganze Generationen dazu verleitete, alte Meister nachzuahmen, weckte Paris den Wunsch, um jeden Preis modern zu sein, être de son temps. Dieses Streben nach Modernität, nach der künstlerischen Verkörperung *unseres* Geschmacks, *unserer* Weltauffassung ist der Hauptnerv in ihrem Schaffen, der ihm eine besondere ekstatische Intensität verleiht. Die Gegenwart einzuatmen, im Einklang mit der Stadt zu leben, die Eindrücke ihres ewig bewegten Lebens und der starren Massen aus Stein und Eisen in sich aufzunehmen, das ist das Streben der Malerin, das ihr von einem tiefen Bedürfnis ihres Naturells diktiert wird. Was sie auch macht, sei es ein Werk der angewandten Kunst, eine Stoffmalerei, eine Buchgraphik, ein Bild oder eine Theaterdekoration für ein Stück aus einer längst vergangenen Zeit, alles trägt bei ihr den Stempel der Gegenwart. Den Stempel der gegenwärtigen Psyche, des komplizierten und durch die ganze bisherige Kunsterfahrung verfeinerten, leidenschaftlich nach neuen Formen strebenden Schaffens. Denn unsere kritische Gegenwart, die alle früheren Werte umwertet, ringt noch immer vergeblich nach neuen eigenen Werten und Formen.

Das bedeutet jedoch nicht, daß ihr Schaffen von den Mächten der Verwirrung und des Chaos beherrscht wird, daß sie sich der Willkür des stürmischen Ozeans der Gegenwart überläßt. "Alexandra Exter hatte niemals teil an futuristischen Stimmungen, an dem futuristischen Aufruhr gegen die Museen, an der anarchistischen Verleugnung der Disziplin und der Apologie des Individualismus. Ihre Entwicklung und ihre Bestrebungen blieben im Gegenteil immer streng logisch. Die Malerin irrt nicht ziellos umher, sondern bewegt sich bewußt von einem Versuch zum anderen, einem stets schwierigeren und komplizierten entgegen. Sie hat all die Etappen durchschritten, die keiner der französischen Maler, auch der radikalste nicht, vermeiden konnte. Bezeichnend ist, daß diese scheinbar so individualistisch geartete Malerin, als sie in Kiew eine Malschule eröffnete, von ihren jungen Schülern nicht forderte, die letzten Ergebnisse ihrer Kunst nachzuahmen, sondern konsequent die verschiedenen Stadien der französischen Malerei durchzumachen und bei Cézanne, Matisse und dem Kubismus in die Schule zu gehen. Sie selbst begann beim Neoimpressionismus, d. h. bei rein malerischen Versuchen, die dank der Auflösung der Farbe in einzelne Elemente die größte Helligkeit und Luftigkeit des Kolorits gewährleisteten. In dieser Art waren die ersten Stilleben der Exter, ihre Pariser Landschaften und dann auch ihre großen panneaux, die die Natur der Schweiz und der Bretagne darstellen. Schon in diesen durchsichtigen, hellgrünen Harmonien zeigt sie ihre dekorativen Neigungen, ihr Interesse an dem einheitlichen Eindruck des Bildensembles. Vorläufig jedoch trug dieses Ensemble dank der detaillierenden, pointillistischen Manier noch einen illusionistischen, spitzenmusterhaften Charakter.

Diese synthetische Einstellung zwang die Malerin, von der Eintönigkeit der neoimpressionistisch-analytischen Manier zu einer geschlosseneren überzugehen. Der Neoimpressionismus, der nur über die Oberfläche der Dinge hingleitet, konnte Alexandra Exter nicht befriedigen; sehr bald malte sie eine Reihe Stilleben, die klangvoller, gedrängter und ausdrucksvoller waren. Es waren Blumen, die mit der intensiven Lebendigkeit gemalt waren, wie sie die Künstlerin an den Bildern des genialen van Gogh bewunderte.

Bisher hatte sie sich allein an der Farbe berauscht. Es kam jedoch der Augenblick, wo das Bedürfnis nach einer geschlosseneren Weltauffassung Alexandra Exter zwang, ihre Aufmerksamkeit dem anderen Problem der Kunst, dem der Form, zu widmen. Interessant ist in diesem Zusammenhang, daß die ihrem Gefühl nach so moderne Malerin während ihres Pariser Aufenthaltes von den Bildern Poussins hingerissen war und den Bildaufbau dieses Meisters studierte. Dieses Übergewicht des Interesses für das Formproblem (d. h. für die Linie, für die Verteilung von Licht und Schatten, für die Komposition) auf Kosten des Interesses für das rein „Malerische" kam im Jahre 1910 in ihrer Kunst zum Ausdruck. Eben in diesem Jahre vereinigte sich die Pariser Jugend in der Kubistengruppe auf der Ausstellung der Indépendants. Seitdem wandte sie sich eine Zeitlang von der Polychromie ihrer ersten Arbeiten ab und beschränkte ihre Palette auf eine bescheidene graue Farbenskala, um mit um so größerer Leidenschaft sich dem Problem der Form hinzugeben.

In diese Periode (1910-1912) fallen die neuen Landschaften, die sie in Genua, Venedig, Paris und Moskau malte. Während in ihren ersten Landschaften aus der Schweiz und der Bretagne die Welt als ein duftiges Spitzengewebe erscheint, verdichtet und festigt sie sich jetzt unter ihrem Pinsel. Ihre Stadtgebilde fügen sich zu deutlichen, plastischen Formkombinationen zusammen; die Häuser, die Brücken, die Bogen, die Schornsteine, sogar der Rauch und die Wasserspiegelungen bilden ein einheitliches Ganzes, ausgeglichen und in einem Oval oder Rhombus geschlossen wie eine Girlande oder ein Kranz. Das kompositionelle Gefüge, das diese Formen zusammenhält, ist so spürbar daß man glaubt, beim Herausnehmen eines einzigen Teiles falle das Ganze auseinander.

Mit dieser innerlich festgefügten Komposition verknüpft sich in eigenartiger Weise weibliche Farbengebung, eine ganze Skala aschgrauer, stahlgrauer, silberner, grünlicher und blaßvioletter Farben. Diese Verschmelzung des weiblich feinen Kolorismus mit männlicher Organisationskraft in der Komposition zeigt deutlich das polare Naturell der Künstlerin, auf das ich bereits hingewiesen habe. Das war es, was Alexandra Exter vor den anderen Kubisten, ihren Freunden, auf den Pariser und italienischen Ausstellungen auszeichnete, die sie seit 1910 beschickte. Von der üblichen kubistischen Malerei unterschieden sich ihre Arbeiten durch das Fehlen der geometrischen Trockenheit, der wissenschaftlichen Kälte, wie sie die meisten Werke der Kubisten mit ihrer eintönig weißlichen Farbenskala und ihren pedantisch zerlegten Gegenständen atmeten. Die Kubisten erklärten der Farbigkeit den Krieg und duldeten nur ein neutrales, lehmgraues Kolorit. Trotz ihrer inneren Verwandtschaft mit dem Kubismus konnte Alexandra Exter, wie wir noch sehen werden, ihre Liebe zum lebendigen Reichtum der Farbe nicht überwinden.

Ihre Stadtlandschaften klären uns über die psychologische Herkunft ihres Kubismus auf. Konnte sich in der Epoche der Stadt mit ihren deutlichen, scharfen, steinernen und metallenen Formen die Malerin mit rein malerischen Harmonien zufriedengeben, die noch einen Claude Monet und eine Pissarro befriedigen konnten? Der farbige Illusionismus, das bloße Spiel von Licht und Schatten, das bloße Zittern der Luft konnte denjenigen nicht befriedigen, der modern sein, der es wagen wollte, der Welt ihre zufälligen Hüllen abzureißen und ihr objektives Wesen zu erfassen. Dieser Erkenntnistrieb des modernen Bewußtseins zwang die Malerin, die Umgebung nicht nur optisch, sondern auch mit dem Tastsinn plastisch zu erfassen, jede Form und den räumlichen Zusammenhang zwischen den Formen gleichsam mit den Augen abzutasten. Daher das Bestreben, die in die Ferne sich verlierenden Flächen der Gegenstände zu betonen, sie zu facettieren und herauszuarbeiten, in feste, scharf umrissene *Körper* das zu verwandeln, was den früheren Generationen als bloße *Erscheinung*, als malerische Fata Morgana gegolten hatte.

Schon der große Zeichner Ingres pflegte seinen Schülern zu sagen: Alles hat seine Form, sogar der Rauch. Diese Worte Ingres decken den scheinbar paradoxen Zusammenhang auf zwischen dem modernen Kubismus und dem Klassizismus. Alexandra Exter studierte die Bilder Poussins im Louvre natürlich nicht wegen ihres literarisch-mythologischen Inhalts, sondern wegen der rhythmischen Ausgeglichenheit der Massen (der Bäume, der Berge, der Paläste und Figuren), welche die italienischen Landschaften Poussins zu *architektonischen*, zu *komponierten* Werken macht.

Wie vertragen sich jedoch die modernen Nerven der Malerin mit ihrer Sympathie für das Pathos der Komposition? Die einzige Erklärung dafür gibt uns das Gesetz der Polarität. Die Seele des Malers verlangt stets nach Harmonie. Die heutige städtische Zivilisation mit ihrem dynamischen Chaos, mit ihrer ewigen Bewegung, mit der Auftürmung, den Zusammenstößen und Überschneidungen der Formen mußte in der Malerin den Wunsch wecken, all dem das eigene Ich entgegenzustellen, den eigenen organisierenden und ordnenden Willen, um angesichts dieses Chaos mit Faust ausrufen zu können:

Wie alles sich zum Ganzen webt,
Eins in dem andern wirkt und lebt.

Der psychologische Impuls des heutigen „Konstruktivismus" in der Malerei geht dahin, die in der empirischen Wirklichkeit verhüllten und nie regierenden rhythmischen Gesetze aufzudecken, sie zur Erscheinung zu bringen, die Welt gesetzmäßiger, ausgeglichener, gegliederter zu machen, als sie ist.

Hier wird die neue Kunst zu einer neuen Weltauffassung. Man braucht nicht die extreme Richtung des französischen Kubismus anzuerkennen, der den ganzen Reichtum der Welt auf Kompositionen von Kuben, Kegeln, Zylindern und Kugeln reduzieren und sogar die menschliche Gestalt in eine Konstruktion aus kleinen Rechtecken verwandeln will. Aber das darf man dem Kubismus nicht abstreiten, daß er eine gesunde Reaktion war gegen die atmosphärische Weltauffassung aller Arten des malerischen Impressionismus. Der neue Mensch empfand den Wunsch, das Fragmentarische und Impressionistische seiner Weltauffassung zu überwinden und um jeden Preis zu einer Totalsynthese zu gelangen, sich einen festeren, objektiveren Boden zu erobern und seinen Geist zu stehlen. Daher die Strenge und Rigorosität der neuen Malerei, ihr „steinerner" Stil, ihre vorherrschende Neigung für das Plastische auf Kosten des Malerischen. Hier liegt die Brücke, welche die Gegenwart mit der Vergangenheit, den Kubismus mit dem Barock, mit Poussin, Greco und noch weiter mit Michelangelo verbindet, der einst gesagt hat, daß die Malerei um so vollkommener sei, je mehr sie sich der Bildhauerei nähere, und noch weiter mit Paolo Uccello, der fanatisch die Anatomie des Menschen und die Form der Kugel studierte.

Dieser Durst nach einer plastischen Synthese ist für Alexandra Exter charakteristischer als für irgend einen anderen Künstler. Ihre weibliche Natur verlangt nach Harmonie und Ausgeglichenheit; ihre halbgriechische Abstammung läßt uns dieses Bedürfnis nach Harmonie noch erklärlicher und natürlicher erscheinen. Sie hat nie die extremen Forderungen des Kubismus mitgemacht, als er nur dem Staffeleibild das Recht auf Existenz zuerkannte, das Dekorative für ein Vorurteil erklärte und das Bild als Selbstzweck proklamierte[1].

Der dekorative Instinkt Alexandra Exters verstummte niemals. Ihre kubistischen Bilder sind stets wie dicht ausgefüllte, gleichmäßig formgesättigte Teppiche komponiert. Sie weisen keine Leere auf. Sie betrachtet städtische Landschaften gleichsam von oben und rollt sie auf der Oberfläche der Leinwand auf, wobei sie wie Greco mit Formen- und Farbenkontrasten spielt. Ein solches Bild ist ihr Venedig (1915). Das ist keine Ansicht von Venedig, sondern das neu gegliederte in seine Grundformen aufgelöste und neu aufgebaute Venedig. Das ist nicht Baedeckers Venedig, sondern die Quintessenz, die architektonisch malerische Bilanz dieser Stadt.

Der in Alexandra Exter steckende Architekt trat hervor in ihrem interessanten Entwurf einer Theaterdekoration zu dem Thema „Die Stadt", den sie in Kiew 1917 anfertigte. Ich glaube, diese Skizze wird für ein gar nicht existierendes Stück bestimmt gewesen sein. Diese enge Auftürmung von Häusern, Brücken, Treppen, Plätzen, Schornsteinen, Lichtreklamen, dieser amerikanische Extrakt könnte als Dekoration zu einem ungeschriebenen Stück Edgar Poes dienen, das die Unheimlichkeit und Unermeßlichkeit der Stadt darstellt. Diese düstere Kombination von Spiralen und Flächen war gleichzeitig gewissermaßen musikalisch zu einem unverrückbaren Ganzen komponiert, das sich in der Art eines Wolkenkratzers nach oben erstreckte und wie dieser trotz aller Überlastung nicht zusammenstürzte.

[1] Dieser Fanatismus der Synthese und des Rhythmus um jeden Preis trat sehr interessant, ja fast paradox zutage, als Alexandra Exter in einer Kinderschule von Odessa arbeitete: statt ein Märchen zu illustrieren, ließ sie die Kinder von 4 bis 8 Jahren an den Farben schematische Formen- und Rhythmusstudien anstellen und erzielte damit erstaunliche Resultate.

In diesem Entwurf verwandte Alexandra Exter zum ersten Male anderes Material als Farbe: Gips, Blech, Papier, Zeitungs- und Plakatfetzen, während sie in ihren Staffeleibildern nie zu dieser künstlichen Methode ihre Zuflucht nahm und sich ausschließlich auf die Ölfarben beschränkte. In den Grenzen der Ölmalerei stellte sie sich sehr bald eine Reihe formaler Aufgaben. Es ist klar, daß ihre anfängliche koloristische Selbstbeschränkung nur vorübergehend sein konnte; zu den plastischen Versuchen mußten sehr bald auch farbige hinzutreten, wie sie sich mit dem Studium der Natur der Farbe und ihres Zusammenhangs mit der Form verbinden.

Auf diese neue Aufgabe konzentriert sie ihre ganze Aufmerksamkeit; konsequent kommt sie dazu, jede Anspielung auf Realität und Gegenständlichkeit zu vermeiden, wie sie in ihren früheren Arbeiten noch vorhanden war. Die Malerin versenkt sich in die reine und kalte Freude der abstrakten Arbeit des Auges, wie ein Philosoph oder Mathematiker, der in der Welt reinen Ideen und Begriffe lebt. Ihr Schaffen bekommt einen gänzlich gegenstandslosen Charakter, wird „absolute“ und „reine“ Malerei, die in sich allein ihre Rechtfertigung findet, wie die Musik, die nur durch den Zauber der Töne wirkt.

Aus der Welt der Gegenstände wählt die Malerin nur das, was der jeweiligen Etappe ihrer Experimente entspricht. Angeregt, durch das Beispiel Picassos, des Meisters der „Musikinstrumente“, macht sie einen viel entschiedeneren und gradlinigeren Schritt weiter, wobei sie mit russischer Konsequenz die letzte logische Grenze erreicht. Picasso zerlegt seine Musikinstrumente in verschiedenfarbige Flächen, bewahrt aber noch die utilitaristische Form dieser konkreten Dinge. Alexandra Exter geht weiter. Sie zerreißt den Zusammenhang zwischen den Flächen und den Gegenständen, sie reißt von den Dingen die Flächen herunter und studiert sie in verschiedenen Kombinationen als selbständige abstrakte Werte. In diesen geometrischen Figuren verschiedener Form und Farbe, die sich wie Bänder schlängeln, die wie Aeroplane schweben oder auf der weißen Leinwand herunterstürzen, interessiert sie dieser oder jener statische oder dynamische Rhythmus der Komposition, gleichzeitig mit dem Klang der Farbe selbst. Denn sie bleibt stets eine Malerin. Im Gegensatz zu dem einseitigen Standpunkt, der bloß die Linienführung als solche berücksichtigt, geht sie stets von der Farbe aus. Cézanne pflegte zu sagen: Wenn die Farbe volltönend ist, dann ist auch die Form vollgewichtig. Solch ein ununterbrochener Zusammenhang zwischen Farbe und Form besteht auch bei Alexandra Exter. Ihre Kompositionen, auch die abstraktesten, sind auf dem Kontrast zwischen den Farben und ihren Tönen aufgebaut. Diese Kontraste fängt ihr geübter Blick nicht nur in der Polarität der Komplementärfarben auf, wie sie die Malerei der Impressionisten bestimmte, sondern in ganz neuen, früher unbewußt gebliebenen, in dynamischen Kombinationen. Sie studiert die Farben nach ihrer Leichtigkeit oder Festigkeit, nach ihrer Ruhe oder der in ihr verborgenen motorischen Kraft.

Im Zusammenhang mit diesem Studium von Linie, Form und Farbe sind auch die hartnäckigen Versuche der Malerin auf dem Gebiete der Technik zu erwähnen, auf dem Gebiete, das man als die persönliche Schrift eines Malers bezeichnet. Alexandra Exter liebt die Malerei wie ein Handwerksmeister sein Gewerbe. Darum liebt sie auch die Oberfläche der Bilder und erzielt die größte Vielfältigkeit ihrer Bearbeitung. Sie hat stets das Gebot Cézannes im Gedächtnis: daß man Handwerker in seiner Kunst sein muß.

Wie ich schon bei Erwähnung ihrer Kiewer Schule sagte, hat sie zuerst die Machart, die Art des Grundierens und die Pinselführung Cézannes, Matisses und Picassos studiert, bevor sie ihre eigene Methode ausarbeitete.

Hier beobachten wir einen neuen charakteristischen Zug der modernen Malerei. Sie interessiert sich für die Technik ganz anders als die vorhergegangene Malergeneration. Dieser galt die Technik als um so vollkommener, je besser sie hinter geschickten „trompe l'oeíl“ verbogen war, je lebendiger und wahrheitsgetreuer die Illusion der Wirklichkeit geweckt wurde. Das moderne malerische Bewußtsein in der angewandten wie in der reinen Malerei bringt seit Cézanne dem Material, dem Stofflichen wieder Achtung entgegen. Ein moderner Maler strebt weder eine glatte, saubere Pinselführung an, noch verdeckt er seine Technik unter der äußeren Geschicklichkeit seiner Hand. Er ist vielmehr bestrebt in seiner Technik seine Vorstellung von der Natur des darzustellenden Gegenstandes zu objektivieren, wie er in seinem Formbewußtsein bestrebt ist, die Form zu objektivieren, indem er von den Bedingungen des Lichtes und der Luft absieht. So arbeitet Alexandra Exter. Sie strebt danach, die Fläche ihrer Leinwand entweder glatt oder körnig-rauh zu machen, entweder tonig oder glänzend wie Emaille, denn von dieser oder jener Art der Grundierung hängt die Leichtigkeit oder Schwere einer Farbe und damit die ganze Form ab.

Derart also sind Linien, Valeurs, Farben und Technik in den Augen Alexandra Exters innerlich miteinander verbundene Elemente, deren Gesamtheit die Komposition bildet, das höchste Ziel ihrer malerischen Bestrebungen.

Ein merkwürdig aufregender Eindruck geht von diesen gegenstandslosen Bildern aus. Der Blick des Beschauers, gewöhnt an die ihn umgebende Welt der Realitäten, sucht in ihnen vor allem einen menschlichen Inhalt, Analogien oder Anspielungen auf irgendwelche konkrete Gestalten. Enttäuscht will er sich von ihnen abwenden, von diesen Bildern, die „nichts" darstellen. Aber er kann es nicht mehr. Er ist bereits dem Einfluß des wie Musik kalten und reinen Zaubers dieses Schwebens verfallen, dieses Auf- und Niedersteigens verschiedenfarbiger Formen auf der endlosen Fläche der weißen Leinwand. Sein Blick gehorcht dem Rhythmus und dem Tempo der Malerin und wandert gehorsam durch diese unbekannten Labyrinthe. Er wird von der heißen, zitronen- und diese orangefarbigen Fläche festgehalten, er stürzt in die Intervalle, in die Tiefen von Schwarz und Blau, taucht wieder empor und gleitet ruhig, hin über die wie Emaille glänzende Fläche des Weiß. Kein Porträt, keine Landschaft, kein Stilleben ist das. Es ist eine Welt über allen Gipfeln, in der nur die reine Idee der Malerei lebt, die Idee der Ausdehnung und der Tiefe, des Gleichgewichts und der Bewegung.

Diese Welt ist für die Malerin jedoch kein elfenbeinerner Turm, in dem sie sich von der Erde abschließt, sie ist vielmehr eine Werkstätte der Arbeit, ein Laboratorium, in dem durch lange und qualvolle Versuche dieselben Resultate vorbereitet werden, welche draußen die Welt der menschlichen Gefühle und Leidenschaften anstrebt.

II.

Neben ihren Staffeleibildern widmet Alexandra Exter seit 1916 ihre Kraft dem Theater, Dekorations- und Kostümarbeiten. In diesen Jahren dekorierte sie stofflich so verschiedenartige Stücke wie „Thamira Khytharedes" von Annenski, „Romeo und Julia" von Shakespeare, „Die Tochter des Jorio" von D'Annunzio, „Salomé" von Wilde usw.

Wie verträgt sich nun die von uns eben erörterte abstrakte Malerei und der experimentierende Fanatismus mit der angewandten Theatermalerei und der Inszenierung historischer Stücke? Was könnte es zwischen diesen Gebieten Gemeinsames geben? Schließt Alexandra Exter vielleicht mit der Mode einen Kompromiß, der ja bei dem unerhörten Aufschwung des Theaters erklärlich wäre, wie er das russische Leben in der Epoche der Revolution und des heutigen Sowjetsystems charakterisiert?

Alles, was Alexandra Exter macht, entspringt der inneren Logik ihrer Kunst, den Bedürfnissen ihrer forschenden Psyche. Natürlich zieht etwas ganz anderes sie ans Theater als das, was die vorhergegangene, ältere Generation russischer Maler (bekannt unter dem Namen „Die Welt der Kunst"), dahin zog. Man denkt nur an Alexander Benois, Dobuschinsky, Anisfeld, Somow, Rörich u. a. Diese im Ausland so bekannten Maler gerieten in den Bann des Theaters, weil sie in seinem zauberischen Schatten die üppigen Blüten ihrer Liebe zum Altertum, ihrer Träume von der Restaurierung älterer Stilarten, welche „schöner" waren als der Stil unserer städtischen Jetztzeit, entfalten konnten. Ihnen war das Theater eine Zuflucht vor der modernen Welt, eine Zuflucht, die in die monumentale Größe der Zeit des Königs-Sonne, in die schwüle Sinnlichkeit der Exotik oder die zarte clair de lune-Bläue der Romantik zurückführte. Gewiß ließen diese russischen Maler die naturalistische, archäologische, handwerkliche und ethnographische Wahrheitssucht weit hinter sich, die Ballett und Oper aller Bühnen beherrschte; denn sie brachten der Bühnendekoration endlich den Zauber der wahren Malerei und vornehmen Graphik. Aber gerade weil sie nur Maler waren, verfielen sie bald in ein anderes Extrem, in die Vorherrschaft der Malerei über die Bühne. Es kam so weit, daß die Interessen des Stils und der Farbe über die Interessen der Schauspielkunst dominierten, daß der lebendige Schauspielermensch in eine farbige Arabeske verwandelt wurde, die sich in dem allgemeinen Karneval der Polychromie auflöste.

Ganz andere Motive waren es, die Alexandra Exter zur Bühne zogen. Motive weit entfernt von träumerischer Restaurationssucht, diktiert vielmehr vom Instinkt für das Moderne, das nach einem weiteren Spielraum strebt, als ihn das Staffeleibild zuläßt. Denn Alexandra Exter bleibt eine Dekorateurin mit moderner Seele auch dann, wenn sie ein altgriechisches oder mittelalterliches Stück inszeniert. Eins wie das andere muß durch den Schmelzofen ihres modernen Geistes hindurch.

Ich wies bereits darauf hin, daß im Gegensatz zu der Mehrheit der Kubisten in Alexandra Exter das Gefühl für die Synthese, für das Allgemeine gegenüber dem Gefühl für die Analyse, für das Zergliederte vorherrscht. Die Kubisten hatten der dekorativen, der angewandten Malerei das Todesurteil gesprochen und das mit der Wand in keinem organischen Zusammenhang stehende Staffeleibild als Selbstzweck proklamiert. Im Gegensatz fühlte sie sich stets von dekorativen Aufgaben angezogen und suchte die Komposition jeder ihrer Arbeiten einem geschlossenen Rhythmus unterzuordnen und das ganze Bild in ein imaginär vorgestelltes Ensemble einzureihen. Dieses Streben nach Schaffung eines geschlossenen kubistischen Stils äußerte sich vor allem in kunstgewerblichen Arbeiten der Malerin (ausgestellt im Jahr 1912), in denen es ihr auf leichte und natürliche Weise gelang, die Prinzipien ihres malerischen Dynamismus bei der Ausschmückung gestickter Wandschirme, Kissen, Sonnenschirme, Schals und Kleider anzuwenden. Alle diese Modegegenstände, die so oft Opfer des Frauendilenttantismus waren, blühten unter Alexandra Exters Hand zu klang- und bewegungsvollen Arabesken auf, in deren Rhythmus die ganze Intensität des XX. Jahrhunderts zum Ausdruck kam. Von da war nur ein Schritt zu Theaterkostümen und sonstige Theaterarbeiten; zunächst folgte die Bemalung der Foyerwände und des Theatervorhangs und dann die Schaffung der Dekoration selbst. Diesen Schritt machte die Malerin 1916, als sie den Auftrag bekam, „Thamira Khytharedes“ für das jüngste und vorgeschrittenste Moskauer Theater (Kammerspiele) zu dekorieren.

Dies alles will aber nicht besagen, daß reine Begeisterung für das Dekorative die Malerin zum Theater zog. Es reizte sie nicht das Bestreben, zu schmücken, sondern aufzubauen, in demselben Sinne, wie wir den Unterschied dieser Termini deuten, wenn wir von dekorativen und konstruktiv organischem Stil in der Architektur sprechen. Eigentlich hat sich dieser Wille der Malerin, die Grenzen der Malerei, die Grenzen der zweidimensionalen Oberfläche zu überschreiten und wahre Produkte gewerblicher Arbeit zu geben, schon in der Schaffung kunstgewerblicher Gegenstände, wie Wand- und Sonnenschirme, gezeigt. Diese psychologische Verwandtschaft des modernen Malers mit dem Handwerker betonte ich ja schon, als ich von den technischen Experimenten bei der Bearbeitung der Leinwand sprach. Ist denn nicht der ganze Kubismus ein vielleicht sogar tragischer Versuch der Malerei, ihre flächige Beschränktheit zu überwinden, die dritte Dimension zu erobern und es der Skulptur gleichzutun? Ein Korrektiv für diese fatale Beschränktheit der Malerei findet Alexandra Exter eben im Theater. Hierher brachte sie ihren heißen Wunsch nach Synthese mit, nach Synthese von Linie, Form und Farbe, die sie schon in ihren abstrakten, experimentellen Bildern gesucht hatte. Hierher brachte sie ihre Lust mit, nicht nur Farbe auf glatte Leinwand aufzutragen, sondern zu schaffen, zu produzieren, aufzubauen, die Freude am Plastischen, die Freude des Architekten zu erleben. Sie war nicht der Dekorateur, der Aquarellskizzen zu Bühnenpavillons und landschaftlichen Hintergründen anfertigt. Sie war eine Arbeiterin der Bühne, die ihren Entwurf gewissenhaft zusammenklebt und eigenhändig jede plastische Formung des Bühnenraumes vorausbestimmt.

Hier erkennen wir deutlich den Unterschied zwischen den Theaterneigungen der Malergruppe „Die Welt der Kunst“ und der Bühnenarbeit von Alexandra Exter. Für jene war das Theater ein Reich farbiger Illusionen, für sie aber ist es das Fundament, auf dem sie, wenn auch aus Pappe und Furnierholz, das Gebäude der neuen Form errichten konnte, wo sie, wenn auch aus diesen ephemeren Materialien, ihren Drang nach Aufbau, nach Balancierung von Massen, nach Kompositionen in einer Weise befriedigen konnte, wie es beim zweidimensionalen Staffeleibild nicht möglich war. Das Neue bei Alexandra Exter besteht darin, daß sie statt illusionistisch gemalter Bilder die Dekorationen aus vereinfachten dreidimensionalen Formen aufbaut. Diese Tendenz traf zusammen mit dem Resultat, zu dem mit immer größerer Notwendigkeit die Entwicklung des Theatergedankens selbst gelangt war. Längst schon war in der Bühnenkunst Rußlands und Europas eine intensive Krise akut geworden. Der Realismus hatte sie in eine Sackgasse geführt. Denn je energischer die auf Leinwand gemalte Dekoration eine Illusion der Wirklichkeit geben wollte, desto schmerzlicher verletzte sie ein auch nur irgendwie empfindliches Auge durch die schneidende Dissonanz des unbeweglichen, flachen Hintergrunds (auf den, wie perspektivisch er auch Tiefe und Ferne nachzuahmen suchte, doch stets verräterische Schatten fielen) und der lebendigen Beweglichkeit der runden, dreidimensionalen Gestalt des Schauspielers. Verschiedene revolutionäre Neuerer des europäischen Theaters hatten längst, jeder auf seine Art, aus dieser Sackgasse einen Ausweg gesucht. Die einen in dem Ersatz der Dekoration durch neutrale Vorhänge und Wandschirme (Craig, Reinhardt), andere, indem sie dem Licht die entscheidene Rolle auf der Bühne zuwiesen (Appia), andere wieder in der Rückkehr zu dem unbeweglichen, architektonischen Hintergrund der antiken Bühne (Fuchs). Ein kleines von A. Tairow geleitetes Moskauer Theater fand, mit Hilfe von Alexandra Exter, eine angemessenere und die Interessen des Theatralischen besser befriedigende Lösung dieses „verfluchten" Problems der Bühne.

Schon Appia bemerkt irgendwo richtig: Nicht der Mensch für die Dekoration, sondern die Dekoration für den Menschen! Ist dem aber so, dann ist die Bühnendekoration insofern notwendig, als sie ein Hilfsmittel zur Hervorhebung der menschlichen Gestalt, Rahmen und Postament für den Schauspieler, Plattform für die Bewegung des menschlichen Körpers ist. Auf der Bühne darf es nichts Überflüssiges, nichts sich selber Genügendes, nichts an und für sich Schönes geben; allein das, was für die Arbeit des Schauspielers, für das *Spiel* von Bedeutung ist, hat hier Existenzberechtigung. Da aber der auf der Bühne auftretende menschliche Körper dreidimensional, rund ist, muß auch die Dekoration dreidimensional nicht gemalt, sondern tatsächlich aufgebaut und bemalt sein. Nur eine solche plastische, kubistische Dekoration ist mit dem menschlichen Körper, mit seinen Stellungen und Bewegungen in Einklang zu bringen. So fand plötzlich der Kubismus, der sich als reine und absolute Malerei proklamierte, seine Anwendung beim Theater. Und noch mehr: er half dem Theater sich von der früheren Diktatur der Maler zu befreien und nur eine rein theatralische, vor allem dynamische Malerei für seine Zwecke zu dulden.

Der erste und gelungene Versuch Alexandra Exters war 1916 die Arbeit für das Stück des verstorbenen russischen Dichters Innokenti Annensky „Thamira Khytharedes", in dem sich die antike Mythe kapriziös mit der scharfen modernen Ironie verbindet. Hier wurden zum ersten Mal auf einer europäischen Bühne das Prinzip der plastischen Dekoration einer Landschaft verwirklicht, die auf einige einfache Formen reduziert war, blaue Stufen verschiedener Breite, schwarze, kegelförmige Zypressen und goldene und schwarze kubenförmige Steine und Felsen. Die Stelle des gemalten Hintergrundes nahm eine einfache, durchsichtige Leinwand ein, die dank einem besonderen System Salzmanns mit den verschiedensten Farbennuancen von mondblau bis orange- und blutrot bedeckt war. Keine der plastischen Formen blieb bei der Aufführung ungenutzt: auf den breiten Stufen wanden sich die Körper der Bacchantinnen, auf die Zypressen kletterten die Satyre, und an die Steine lehnte sich die majestätisch und melancholische Figur des Helden, Khytharedes. Seine breiten, ausgeglichenen Gesten und die ekstatisch in leidenschaftlicher Hingebung emporgestreckten Arme der Bacchantinnen harmonierten mit den einfachen, großartig strengen Vertikalen der Zypressen. Der Zuschauer war nicht ungehalten darüber, daß diese schematischen Zypressen mehr an Kegel denn an Bäume erinnerten. Über die Wahrheit der Philister triumphierte hier die künstlerische Wahrheit.

Die zweite Aufgabe, welche die Kammerspiele Alexandra Exter stellten, war Wildes „Salomé". Auch hier legte sie der Dekoration das architektonische Prinzip zugrunde. In der Richtung der Diagonalen liefen zwei Plattformen über die Bühne, zwischen denen sich eine runde Wendeltreppe erhob und hinter den Kulissen verlor. Dabei wandte Alexandra Exter zum ersten Mal eine zweite Neuerung an, die sie aus ihren abstrakten Versuchen gewonnen hatte: das Prinzip der beweglichen Dekoration, d. h. Stoffstücke verschiedener Farbe und Form, die sich in Übereinstimmung mit dem Gang des Stückes in allen möglichen Richtungen bewegen. Eine ganze Skala von Möglichkeiten ist hier denkbar: Hinsichtlich der Form diagonale, keilförmige, rechteckige Flächen, hinsichtlich der Bewegung Sturz, Auseinanderprallen, Anhäufung, Bewegung in die Tiefe, nach oben und nach den Seiten. Durch diese Dynamik der Dekorationen werden zwei Resultate erzielt: 1. Während das architektonische Gerüst der Aufführung immer das gleiche bleibt, bestimmen diese farbigen Vorhänge allein den Wechsel von Zeit und Ort in jedem Akt. 2. symbolisieren gleichsam die verschiedenen Farb- und Bewegungsformen dieser Stoffstücke das eine und das andere psychologische Moment des Dramas. Auf den Zuschauer wirken die beweglichen, farbigen Flächen rein emotionell wie musikalische Akkorde, wie Farbelemente in denkbarster Reinheit. Diese fast psychophysische sinnlich-moralische Wirkung der Farbe im Sinne eines pathologischen Affekts war es, an die Goethe einst dachte in seiner Farbenlehre; und von derselben Rolle der Farbe schwärmte einst Delacroix, als er sagte, die Malerei sei der Musik und Mathematik nahe verwandt.

Auf dem Hintergrund des roten Vorhangs haben wir von Mondsilber bis Schwarz eine ganze Farbenklaviatur vor uns, die wie Orchestermusik die Entwicklung des Stückes begleitet. Der rote Vorhang ist das Leitmotiv dieses Dramas von Liebe und Tod. Wenn am Ende Salomé getötet wird, senken sich schnell fünf wie Guillotinemesser scharfe, keilartige Tücher von schwarzem Samt über sie herab. Vergleicht man diese symbolische Aufführung mit der von Bakst und Ida Rubinstein in Paris inszenierten, so glaube ich, der wahre Oskar Wilde mit seiner preziösen Gewähltheit des Wortes, mit seinem Alexandrinismus und Präraffaelitismus war nicht dort, wo Bakst die reale Perspektive Jerusalems mit einem unbeweglichen Monde darüber gab, sondern hier in dieser künstlichen Einfassung aus Silber, Gold, schwarzen Samt und blutrotem Licht.

Die beiden erwähnten Prinzipien, der dreidimensionale Aufbau der Dekoration und die Dynamik der farbigen Flächen, fanden ihre synthetische Anwendung in der dritten vorzüglichen Aufführung der Kammerspiele, „Romeo und Julia" von Shakespeare (1920/21). Auch hier brachte Alexandra Exter etwas völlig Neues, indem sie die Bühne in Richtung der Höhe ausbaute[2].

Die ganze Dekoration dieses Stückes gliederte sie in eine Anzahl spitzwinkliger, übereinander errichteter, weißer Brücken, die sich vom Haus der Montecchi nach dem der Capuletti hinüberspannen. Diese Brücken bilden mit dem Fußboden und dem Turm der Julia sieben Plattformen verschiedener Höhenlage, auf denen die Schauspieler auftreten. Dadurch wird die ganze Bühne von unten bis oben mit Bewegung erfüllt und belebt. Die Szene des Massenkampfes der feindlichen Familien bot einen wunderbaren Gesamteffekt, wie man ihn noch nie im Theater gesehen hatte. Nicht nur der Fußboden, sondern die Bühne in ihrer ganzen Höhe strahlte von dem rhythmischen Glänzen der Bogen und dem farbigen Spiel der Kostüme. Zwischen den Häusern hing ein zitronengelber Vorhang, den ein grüner Streifen diagonal durchschnitt . Die Bewegungen dieses Vorhangs und seine verschiedene Färbung unter Einwirkung des Lichts, sowie das Herunterlassen anderer Vorhänge zeigten einen neuen Akt an. So wurde das Zimmer Julias von den Brücken durch einen violetten Vorhang abgeschlossen. Ein orangefarbiger Vorhang symbolisierte die Pracht des Maskenballes, und die Szene des tragischen Finale spielte vor einem feierlich roten Hintergrunde. In dieser Farbensymphonie hatte die Malerin zum ersten Mal neues Material eingefügt, glänzendes Blech als Motiv für einen Kanal, das in den weißen Lichtstrahlen den wundervollen Glanz eines Wasserspiegels wiedergab und damit den Eindruck des ritterlichen Milieus verstärkte. Die ursprüngliche Skizze dieser Dekoration war in abstrakterem Stile entworfen, im Stile eines zergliederten und gebrochenen Barock. Diese ganz weißen Dekorationen wirkten wie ein kaltes jungfräulich eisiges Reich, kompliziert wie „Der Schwan" von Mallarmé.

Auf der Bühne erwies sich diese Skizze als zu kompliziert, so daß die Malerin sie für die zweite Saison (1921) einfacher und konkreter gestaltete. So entstand eine Dekoration , die mit einem archäologisch und historisch restaurierten Verona nichts gemein hatte. Sie war wie ein lebendiges Geschöpf aus heißem Blut und Fleisch. An die Stelle der weißen Farbe war eine brennende Skala getreten von Ocker und Siena, womit die Häuser der Montecchi und Capuletti gefärbt waren. Aus Architektur und Proportion dieser Häuser wehte der Hauch einer fernen und nebelhaften Erinnerung an die italienischen Miniaturen des Mittelalters mit ihren halb byzantinischen Proportionen und Perspektiven. Die Fähigkeit der noch vor kurzem rein abstrakt eingestellten Künstlerin, sich ganz dem lebendigen und konkreten Eindruck des ritterlichen Italien hinzugeben, ist ein neuer Zug, eine neue Grenze in der Entwicklung ihrer Begabung.[3]

[2] Dieses Problem des Höhenaufbaus hatte die Malerin schon früher theoretisch bearbeitet in kleinen Skizzen „Die Stadt" (wovon ich schon sprach) und von „Venedig" (siehe Abbildungen). In letzterer geht die Bewegung von einem schwarzen Kreis, der von weißen Wendeltreppen umkränzt wird, über eine Reihe Treppen und Ziehbrücken. Dies alles Weiß mit Rot und Schwarz, unterbrochen von vertikalen Flächen aus Glas, Spiegeln und Blech (Kanalmotiv).

[3] Der Vollständigkeit halber sei erwähnt, daß Alexander Exter noch die Dekoration anderer Stücke besorgte, deren Aufführung jedoch nicht zustande kam: „Die Tochter des Jorio" von D'Annunzio, „Die elektrischen Puppen" von Marinetti, ein Ballett von Mordkin u.s.w.

Doch diese Fähigkeit, den Forderungen der Realität zu genügen, zeigte sich ganz besonders auf dem Gebiet der Theaterarbeit, von dem wir noch nicht gesprochen haben, bei ihren Kostümarbeiten für die Bühne, deren Farbenpracht und intensive zeichnerische Ausdruckskraft eine Meisterschaft offenbaren, die ohnegleichen dasteht.

III.

Ein ganzes Kapitel müssen wir diesen Kostümarbeiten Exters widmen, denn sie hat dieses alte, in Verfall geratene Gebiet des Theaters wahrhaft zu neuem Leben erweckt.

Wie in allem, was sie unternimmt, zeigt sie auch hier die Kultur der Künstlerin. Sie durchtränkt ihre Kostümarbeiten mit dem Geist der Gegenwart, ohne dabei die historische Entwicklung des Kostüms zu verleugnen. Sie weiß ganz genau, daß ein Maler unbedingt den Stil, den Charakter jeder gegebenen Epoche studieren muß. Hat sie dies aber getan, dann gibt sie etwas Eigenes, eine eigene synthetische Gestaltung, ihre eigene Vorstellung von dem Kostüm der jeweiligen Epoche eines Stückes.

„Der Zuschauer muß durch die Überzeugungskraft der Aufführung besiegt, er muß überwältigt werden von der Vorstellung des Malers, ohne auf den Gedanken zu kommen, ob das Ganze historisch richtig und den Dokumenten entsprechend aufgeführt ist." So formuliert die Malerin selbst die Aufgabe der Kostümarbeit. Diese Auffassung steht im Einklang mit ihren Grundprinzipien in der Dekoration, der Dreidimensionalität. Alles steht hier in inneren Zusammenhang. Die dreidimensionale Dekoration mit ihrer plastischen Flächenandeutung entspricht der Rundheit des menschlichen Körpers. So wurden schon für „Thamira Kytharedes", wo die Kammerspiele mutig das Nackte zeigten, nach Angaben Exters die Körper der Becchantinnen und Satyre mit Schminke bestrichen, um die Hauptmuskeln und Linien der Figuren plastischer hervortreten zu lassen. Doch war das Kostümproblem hier noch in zweidimensionalen Sinne als Basrelief gelöst. Im weiteren Verlauf, im Zusammenhang mit „bekleideten" Aufführungen klärte sich die Aufgabe. Eingehüllt in weiche Lappen, kann der Körper seine Plastizität verlieren; deshalb mußte man im Interesse der plastischen Harmonie auf der Bühne, diesem Reiche des Gleichnisses, die Dreidimensionalität der menschlichen Figur übertreiben. Das ist die erste wertvolle Errungenschaft Exters auf diesem Gebiete. Jedes Kostüm wird von ihr als eine dreidimensionale, plastisch feste Totalität gedacht, als ein lebendig sich bewegendes Relief, als eine lebende, farbige Skulptur. Da gibt es keine einfachen, weichen Gewebe, die den Körper des Schauspielers seiner individuellen Figur entsprechend umhüllen und ihn im Gefolge seiner individuellen Bewegungen umflattern. Alles ist von der Malerin vorausgesehen, der allgemeine Umriß des Kostüms, wie sein Umfang und seine Falten. Diese Plastizität erreicht sie dadurch, daß sie das Kostüm bemalt, indem sie die Falten durch Farben vertieft und gleichzeitig die Grundform mit Hilfe von Draht oder Futter festhält.

Diese Exterschen Kostüme sind nicht gemalt und genäht, sie sind wie die Dekorationen aus verschiedenen Flächen konstruiert, und die jeweilige Konstruktion eines Kostüms hängt davon ab, welchen Charakter das Stück nach der Auffassung der Malerin verlangt. Wenn Sie den Körper eines Menschen bekleidet, gehorcht sie nicht bloß den organisch konstruktiven Linien der menschlichen Gestalt (z. B. den Linien von Hüften und Schultern), sondern sie deformiert oft die menschliche Figur im Sinne des Charakters und übertreibt den Stil der jeweiligen Epoche. Sie faßt das Kostüm auf als Körperschminke und Maske der Figur. Es ist für sie etwas Ganzes vom Kopf (oder gar von der Kopfbedeckung) bis zu den Füßen. Nichts bleibt dabei dem Zufall, der Laune der Schneiderin oder des Schauspielers überlassen. Der Wille der Malerin bestimmt alles voraus und schafft zusammen mit dem Regisseur einen festen Umriß der Rolle, ihre Grundform und ihre Färbung. Form, Farbe und Material ergänzen sich gegenseitig, und alles dient dem einen Zwecke der maximalen Ausdruckskraft. Auf Grund der Ergebnisse ihrer rein malerischen Experimente färbt die Künstlerin die Kostüme nicht nur mit verschiedenen Farben, sondern verwendet auch verschiedene Stoffe, je nach dem Eindruck der Schwere oder Leichtigkeit, des Glanzes oder der Stumpfheit, den sie wecken will (so verwendet sie zu einem einzigen Kostüm manchmal Leinwand, Seide und Samt).

Der Charakter einer Epoche, eines Menschen offenbart sich am klarsten in der Bewegung. Hier entdecken wir das zweite Merkmal der Kostümästhetik Exters. Sie faßt die Kostüme beinahe stets dynamisch auf. Sie ist vorzüglich vertraut mit der Geschichte der Kleidung und der Lebenshaltung der Menschen und weiß, daß jede Epoche ihre Manier zu gehen, zu stehen und zu sitzen hatte, daß das Kostüm stets eine Art Begleitung der Geste wart. Darum geht sie bei der Herstellung eines Kostüms von der dominierenden Bewegung der Person auf der Bühne aus, von ihrem Rhythmus, ihrem Tempo, die im Zusammenhang mit Rhythmus und Tempo des ganzen Stückes stehen müssen. Diese Kostüme sind in Linie und Farbe erstarrte menschliche Rhythmen. Verschiedenen Bewegungen dienen verschiedene Kostüme, verschieden im Aufbau und in Farbe. Dieser dynamische Gesamteindruck wird durch drei Mittel erreicht: mit Hilfe des Pinsels, der in den Falten den Rhythmus der Bewegung des Stoffes unterstreicht (wie in „Salomé"); mit Hilfe verschiedenen Materials (so geben Samtstücke auf Kostümen den Eindruck der Langsamkeit, Seide den der Leichtigkeit, der Flüchtigkeit und der Beschleunigung), und endlich mit Hilfe von Farbunterschieden (die Farbe kann die Beschleunigung dämpfen oder durch den Kontrast ihre Intensität erhöhen). Ein nicht minder bedeutendes Bewegungselement ist das Ornament, das die Kostüme Exters bedeckt. Es wird in übertrieben großen Fragmenten angewandt, die mit dem allgemeinen Rhythmus des Kostüms kontrastieren und ihn dadurch verstärken.

Das sind die Grundgesetze der neuen, der plastischen „Theorie" der Theaterkostüme. Da ist alles künstlich, aufgetragen, aus verschiedenen Stoffen zusammengesetzt. Die künstliche Methode erzeugt jedoch die größte Lebendigkeit, die größte theatralische Wirkung, die größte Ausdrucksfähigkeit.

Betrachten wir nach diesem allgemeinen Überblick die Theatergarderobe Exters, so eröffnet sich eine blendende Vielfältigkeit von Gestalten vor uns, eine ganze Galerie von Charakteren und Gefühlen von lyrischer Zartheit oder grotesker Schroffheit. Da sehen wir die Kostüme zu „Salomé": die schwergewichtigen, herrlichen Umhüllungen des Herodes und der Herodias mit dem monumentalen Kopfputz und den Schleppen, die der banalen orientalischen Exotik wohl fremd, dafür aber von der „anachronistischen" Üppigkeit der Mysterie erfüllt sind; da ist das strenge, in seiner Linie fast stachlige silbrigblaue Kostüm Salomés, das ihre ganze Grausamkeit, die scharfe, unduldsame Erotik der Jungfräulichkeit wiedergibt. Da sind die Kostüme zu „Romeo und Julia", die alle auf demselben Leitmotiv aufgebaut sind, der Wellenlinie des Barock, wie sie sich in den Federn des Kopfputzes und den Schultermänteln spiralig windet; da sind die zart vornehmen Kostüme der „ewigen Liebhaber", himbeerrot bei Romeo und zitronenrosa bei Julia; im Gegensatz zu diesen die üppigen, klangvollen, grellen und grotesk übertriebenen Kostüme aller anderen Gestalten, der Zeugen des tragischen Ereignisses; da sind auch die modernen Masken der Harlekinade, die das altertümliche Stück durchblitzen, eine Idee des Regisseurs, der den außerzeitlichen und ewigen Sinn der Shakespeareschen Tragödie herausarbeiten wollte.

Dieses im Verlauf ihrer Theaterarbeit hervortretende Interesse für die Ausdruckskraft der menschlichen Figur (die sie in ihrem sonstigen menschenleeren Schaffen so wenig goutiert) zeigt die Künstlerin auch in den Kostümen, die sie für das Moskauer Kammertheater und seine Übungsbühnen schuf; vor allem in den prachtvollen Kostümen zu den Komödien des Cervantes. In diesen spanischen Kostümen Exters ist weder Zuloaga noch Anglade zu finden; in ihnen läßt eine eigene Auffassung vielmehr die „couleur locale" neu erstehen. Die Malerin empfand Spanien als ein Land, wo das monumentale Pathos sich mit einer fast grotesken Ausdrucksfähigkeit des Charakters verbindet, und die spitzen Riesenhüte und Kragen ihrer Kostüme passen wunderbar in die intensive Schärfe und das gespannte Tempo der Lustspiele „des Degens und der Mantille".

Überraschender noch ist die Begeisterung Exters für die Ausdrucksfähigkeit des alten, starren russischen Milieus. Ihre Entwürfe für das Stück von Suchowo-Kobylin, „Tarelkins Tod", sind ihren spanischen Kostümen völlig entgegengesetzt; da ist alles statisch, klobig, untersetzt, karikaturistisch. Diese Karikatur auf die Häßlichkeit des russischen Milieus verstand die Malerin so zu steigern, daß sie geradezu die künstlerische Intensität E. T. A. Hoffmanns erreicht. Der ganzen molluskenhaften, russisch-hoffmannischen Atmosphäre hat sie eine plastische, in ihrer linearen Prägnanz fast monumentale Form verliehen. Dort wo andere Maler-Dekorateure vor ihr nur ein Reich der bunten Farbenornamentik sahen (Kustodiew, Juon), entdeckte sie ein statuarisches, plastisches Schema; ja, sie versuchte sogar in dem mißgestalteten Leben des alten Rußland einen höheren pathetischen Stil zu entdecken, so daß ihre Kostümentwürfe für „Tarelkins Tod“ wie Denkmalentwürfe anmuten.

So behauptet sich ganz paradox überall, sei es in den abstrakten farbigen Flächen, sei es im Orient, in Italien, Rußland, im XV. Jahrhundert oder in der Gegenwart, das Streben nach Synthese, nach Ordnung und Stil, von dem Exter durchdrungen ist.

* * *

Wir sehen, die Tätigkeit Exters verläuft in zwei Richtungen, auf dem Gebiete des rein malerischen Gedankens, der um Lösung formaler Probleme der Malerei (Form, Farbe, Komposition) ringt, und andererseits auf dem Gebiete der konkreten Anwendung ihrer experimentellen Ergebnisse in der Kunst der modernen Bühne (Dekoration und Kostüme); in beiden Richtungen sind ihr viele künstlerische Neuentdeckungen gelungen. Gleichzeitig arbeitet sie so auf den Gipfeln der reinen Malerei und auf irdisch praktischem Boden; aber auch auf der Erde, unter dem Theaterdach arbeitet sie nicht als stilisierender, sondern als schöpferischer Künstler, der die Elemente alter Stilarten neu gestaltet.

Gewiß kann das Theater nicht das Endziel der Malerin sein, denn die Kunst der Bühne, die uns gegenwärtige Zuschauer so sehr erfreut, ist vom Standpunkt der Ewigkeit kurzlebig, vergänglich und eitel; sie ersetzt nur das Staffelbild durch das Bühnenbild. Hoffen wir, daß ein Augenblick kommen wird, wo Exter die beiden Richtungen ihrer Tätigkeit, die reine und die angewandte Malerei, zu einer einzigen verschmilzt, in der ihre experimentellen Erfahrungen zur Schaffung eines wirklichen Bildes aufbieten wird, eines Bildes im wahren Sinne dieses Wortes, im Sinne Poussins. Das wäre die Krönung ihrer synthetischen Bestrebungen.

Alexandra Exter hat schon vieles geleistet. Sie hat einen Weg voll schöpferischer Mühen und seltener Arbeitskraft beschritten. Sie hat schon Schüler (besonders auf dem Gebiet des Theaters). Ihre Zukunft liegt noch vor ihr. Sie hat eine von den Naturen, auf die Faustens Wort von der „nur rastlosen“ Betätigung“ geprägt zu sein scheint.

Nie wird sie in ihrer Entwicklung stehen bleiben. Stets wird sie das Streben dem Besitz, das Forschen dem Errungenen vorziehen.

In diesem Sinne interessiert uns Alexandra Exter. Nicht nur als gegebene Persönlichkeit, sondern als Symbol, als Ausdruck der modernen Kunst überhaupt, der heutigen europäischen Kunst mit all den tragischen Qualen ihres tiefinnerlichen Suchens und sehnsüchtigen Strebens. In der Gestalt dieser Frau spiegelt sich wie in einem Brennpunkt unsere Kultur wider, diese kritische Kultur, die an dem scharfen Wendepunkt zweier Zeitalter steht.

Хронология жизни и творчества

1882, 6 января – родилась в городе Белостоке Гродненской губернии (ныне Белостокское воеводство Польши) в семье акцизного чиновника Александра Авраамовича Григоровича.

1886 - семья переезжает в Киев.

1892 - поступает в киевскую гимназию Святой Ольги, после окончания которой в 1899 году получает свидетельство о звании домашней учительницы.

1901–1903 – вольнослушательница Киевского художественного училища; одновременно с ней в эти годы занятия посещают А. Архипенко, А. Лентулов, А. Богомазов.

1905 – выходит замуж за Николая Евгениевича Экстера, киевского адвоката.

1906 – впервые выставляет свои декоративные работы на „Выставке прикладного искусства и кустарных изделий" (Киев, 19.02.-01.05.1906), в подготовке и организации которой принимала деятельное участие. Вступает в Киевское кустарное общество, с которым будет сотрудничать вплоть до 1914 года, когда это общество перестанет существовать.

1907 – возобновляет занятия в Киевском художественном училище. В августе впервые едет в Париж. В течение нескольких месяцев посещает натурный класс Академии Гранд Шомьер,

Biographische Daten

1882 6. Januar, Alexandra Exter wird in Belostok, Gouvernement Grodno (heute: Bialystok, Polen) geboren. Vater: Alexander Awraamowitsch Grigorowitsch, Steuerbeamter.

1886 Umzug der Familie nach Kiew.

1892 Schulbesuch: Heilige-Olga-Gymnasium in Kiew, beim Abschluß 1899 wird Alexandra im Zeugnis die Berufsbezeichnung „Hauslehrerin" verliehen.

1901-1903
Gasthörerin an der Kunstfachschule in Kiew. Zu ihren Kommilitonen zählen A. Archipenko, A. Lentulow, A. Bogomasow u. a.

1905 Heirat mit dem Kiewer Rechtsanwalt Nikolaj Ewgeniewitsch Exter.

1906 Erste Ausstellung ihrer dekorativen Arbeiten in der „Ausstellung für Angewandte Kunst und Heimkunst-Erzeugnisse" (Kiew, 19.02. bis 01.05.1906). Zuvor als Mitglied des Organisationsausschusses rege Beteiligung an der Vorbereitung dieser Ausstellung. Mitgliedschaft im „Verein der Amateurkünstler" (Kiew) bis zu dessen Selbstauflösung 1914.

1907 Fortsetzung ihres Studiums an der Kunsthochschule in Kiew. Im August desselben Jahres erste Reise nach Paris. Besucht dort mehrere Monate lang die „Naturklasse" von Henry Caro-Delvaille an der „Académie de la Grande Chaumière". Bekanntschaft mit Picasso, Braque, Léger,

Александра Экстер (сидит в середине). Среди других: Александр Дейнека, Игнатий Нивинский, Андрей Гончаров, Ниссон Шифрин. Москва, 1923

Alexandra Exter (in der Mitte sitzend) U. a. noch abgebildet Alexander Deineka Ignaty Niwinsky, Andrei Gontscharow Nisson Schiffrin, Moskau 1923

Натормoрт с украинским блюдом
Около 1908–1909
Холст, масло. 82 x 54
Частное собрание, Германия

Stilleben mit ukrainischer Schale
Um 1908-09
Ö. auf Leinwand, 82 x 54 cm
Privatsammlung Deutschland

курс Анри Каро-Дельвая. Знакомится с П. Пикассо, Ж. Браком, Г. Аполлинером, М. Жакобом, Ф. Леже, Арденго Соффичи. Начиная с этого времени и вплоть до лета 1914 года регулярно и подолгу живет и работает в Париже.

1908 – экспонирует свои живописные произведения и вышивки на выставке, организованной киевским журналом „В мире искусств“. Участвует в организованной Н. Кульбиным „Выставке современных течений в искусстве“ (Санкт-Петербург). Вместе с Д. Бурлюком и Н. Кульбиным организует в Киеве выставку „Звено“. В Киеве выходит книга Ольги Форш „Рыцарь из Нюрнберга“, оформленная А. Экстер.

Apollinaire, Soffici und Max Jacob. Seitdem und bis zum Sommer 1914 regelmäßige längere Arbeitsaufenthalte in Paris.

1908 Teilnahme an einer von der Kiewer Zeitschrift „W mire Iskusstw“ („Welt der Kunst“) organisierten Ausstellung. Alexandra Exter zeigt hier ihre Malereien und Stickereien. Teilnahme an einer von Nikolaj Kulbin in St. Petersburg organisierten „Ausstellung der modernen Kunstströmungen“. Veranstaltet in Zusammenarbeit mit Kulbin und David Burliuk in Kiew die Ausstellung „Sveno“ („Das Kettenglied“). In Kiew erscheint das Buch „Der Nürnberger Reiter“ von Olga Forsch, Gestaltung: Alexandra Exter.

Натюрморт (Ваза с вишнями)
1914
Холст, масло. 89 x 72
Государственный музей
ростовского Кремля

Stilleben, Schale mit Kirschen
1914
Öl auf Leinwand, 89 x 72 cm
Staatliches Museum Kreml
Rostow

Венеция. 1915
Холст, масло. 123 x 97
Музей современного
искусства, Стокгольм

Venedig 1915
Öl auf Leinwand, 123 x 97 cm
Moderna Museet
Stockholm

1909 – участвует в выставке „Венок – Стефанос" (Санкт-Петербург).

1909–1910 – участвует в „Интернациональной выставке картин, скульптуры, гравюры и рисунка" („Салон В. Издебского"), организованной скульптором Владимиром Издебским (Одесса, Киев, Санкт-Петербург, Рига).

1910 – участвует в выставке „Треугольник" (Санкт-Петербург). Вступает в общество „Союз молодежи", участвует в выставке картин этого общества.

1910–1911 – участвует в первой выставке картин „Бубновый валет" (Москва). Участвует в выставке картин „Салон В. Издебского" (Одесса).

1911 – участвует в выставке живописи и скульптуры „Московский салон". Вступает в общество художников „Бубновый валет".

1912 – участвует в выставке общества художников „Бубновый валет". В Киевском журнале „Искусство" публикует статью „Новое во французской живописи".

1909 Teilnahme an der Petersburger Ausstellung „Der Stephanos-Kranz".

1909-1910
Teilnahme an der „Internationalen Bilder-, Skulpturen-, Stiche- und Zeichnungen-Ausstellung" im „Isdebsky-Salon", veranstaltet vom Bildhauer Wladimir Isdebsky. Die Ausstellung wird auch in Odessa, Kiew, St. Petersburg und Riga gezeigt.

1910 Teilnahme an der Petersburger Ausstellung „Treugolnik" („Das Dreieck"). Mitgliedschaft in der Petersburger Künstlervereinigung "Sojus molodeschy" („Jugendbund"). Teilnahme an einer Bilderausstellung dieser Gesellschaft.

1910-1911
Teilnahme an der ersten Bilderausstellung „Bubnowyj Walet" („Karobube") in Moskau. Teilnahme an der Bilderausstellung im „Isdebsky-Salon" in Odessa.

1911 Teilnahme an der Bilder- und Skulpturen-Ausstellung „Der Moskauer Salon" („Moskovskij salon"). Mitgliedschaft in der Künstlervereinigung „Karobube".

Александра Экстер
и Александр Таиров
Москва, 1921

Alexandra Exter
und Alexander Tairow
Moskau 1921

Движение плоскостей. Около 1917–1918
Холст, масло. 92,5 x 77
Государственный художественный музей, Нижний Тагил

Bewegung von Flächen um 1917-18
Öl auf Leinwand, 92,5 x 77 cm
Staatliches Kunstmuseum, Nischnij Tagil

Участвует в 28-й выставке Салона независимых в Париже вместе с другими русскими художниками: А. Архипенко, М. Шагалом, В. Кончаловским, И. Машковым. Участвует в Париже в выставке „Золотое сечение". Путешествует по Италии.

1913 – участвует в выставках картин общества художников „Бубновый валет" (Москва, Санкт-Петербург).

1913–1914 – участвует в выставке картин общества художников „Союз молодежи" (Санкт-Петербург).

1914 – участвует в выставке картин общества художников „Бубновый валет". Организует вместе с А. Богомазовым выставку картин группы „Кольцо" (Киев). Участвует в выставке группы М. Ларионова „№ 4. Футуристы, лучисты, примитив" (Москва). Участвует в 30-й выставке Салона независимых в Париже вместе с русскими художниками А. Архипенко, В. Барановым-Россинэ, В. и Д. Бурлюками, М. Шагалом, К Малевичем, И. Пуни. Участвует в Интернациональной свободной футуристической выставке картин и

1912 Teilnahme an der Ausstellung des Künstlervereinigung „Karobube". In der Kiewer Zeitschrift „Iskusstwo" („Die Kunst") wird E.s Artikel „Neues aus der französischen Malerei" veröffentlicht. Teilnahme an der 28. Ausstellung im Pariser „Salon des Indépendants", gemeinsam mit einer Reihe weiterer russischer Künstler: A. Archipenko, M. Chagall, W. Kandinsky, P. Kontschalowsky, I. Maschkow u. a. Teilnahme an der Ausstellung „La Section d'Or" („Der Goldene Schnitt") in Paris. Reise nach Italien.

1913 Teilnahme an der Bilderausstellung der Künstlervereinigung „Karobube" in Moskau und St. Petersburg.

1913-1914
Teilnahme an der Bilderausstellung des St. Petersburger „Jugendbunds".

1914 Teilnahme an der Bilderausstellung der Künstlervereinigung „Karobube". Organisiert zusammen mit Alexander Bogomasow in Kiew die Bilderausstellung der Gruppe „Kolzo" („Der Ring"). Teilnahme an der Ausstellung der Larionow-Gruppe „Nr 4" (Futuristen, Rayonisten, Primitivisten) in Moskau. Teilnahme an der 30.

Цветовая динамика
Около 1916
Холст, масло. 66,3 x 49
Частное собрание,
Швейцария

Farbdynamik
Um 1916
Öl auf Leinwand
66,3 x 49 cm
Privatsammlung Schweiz

Плоскости (Цветовые ритмы)
1916-1918
Картон, гуашь, карандаш
68 x 50
Национальный художественный
музей Узбекистана, Ташкент

Flächen (Farbrhythmen)
1916-18
Gouache und Bleistift auf Karton
68 x 50 cm
Nationales Usbekisches
Kunstmuseum, Taschkent

скульптуры в Риме. Весной возвращается в Киев.

1915 – участвует в «Первой футуристической выставке картин „Трамвай В"» (Петроград). Знакомится с Александром Таировым и приступает к работе над спектаклем Камерного театра „Фамира Кифаред" И. Анненского. Участвует в выставке современного декоративного искусства (Москва).

1915–1916 – принимает участие в выставке художественной индустрии в галерее Лемерсье (Москва).

1916 – участвует в футуристической выставке „Магазин" (Москва). Участвует в 24-й выставке Петроградского общества художников. Публикует два офорта в посвященной ей книге И. Аксенова „Неуважительные основания" (Москва, издательство „Центрифуга"). Готовит для этого же издательства альбом гуашей „Разрыв. Движение. Вес" (не издан). Выполнила росписи лестницы, вестибюля и

Ausstellung des Pariser „Salon des Indépendants" zusammen mit A. Archipenko, W. Baranoff-Rossiné, W. und D. Burliuk, M. Chagall, K. Malewitsch, I. Puni u. a. Teilnahme an der „Internationalen Freien Futuristischen Bilder- und Skulpturenausstellung" in Rom. Im Frühjahr, Rückkehr nach Kiew.

1915 Teilnahme an der 1. Futuristischen Bilderausstellung „Tramway W" in Petrograd (St. Petersburg). Bekanntschaft mit dem Theaterregisseur Alexander Tairow. Beginn der Arbeiten an der Aufführung des Stückes „Thamira Khytharedes" von I. Annensky am Moskauer Kammertheater. Teilnahme an der Ausstellung Moderner Dekorativ-Kunst in Moskau.

1915-1916
Teilnahme an der Ausstellung der „Künstlerischen Industrie" in der Galerie Lemercier in Moskau.

1916 Teilnahme an der Futuristen-Ausstellung „Magasin" („Das Magazin") in Moskau. Teilnahme an der 24. Ausstellung der Petrograder

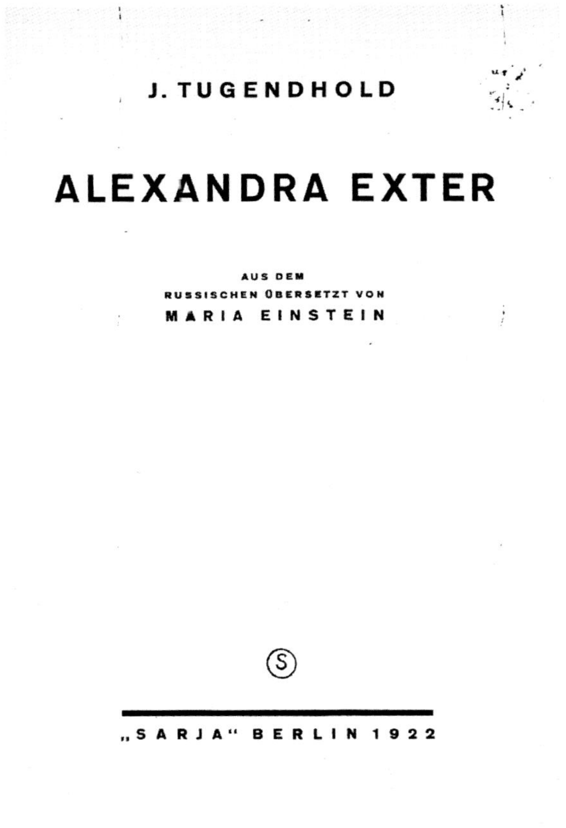

J. TUGENDHOLD

ALEXANDRA EXTER

AUS DEM RUSSISCHEN ÜBERSETZT VON MARIA EINSTEIN

„SARJA“ BERLIN 1922

Яков Тугендхольд „Александра Экстер“ Издательство „Заря“ Берлин, 1922

Jakob Tugendhold „Alexandra Exter“ "Sarja" Verlag Berlin 1922

Алиса Коонен актриса, жена театрального режиссера А.Таирова, 1920

Alice Koonen Schauspielerin und Ehefrau des Theaterregisseurs Alexander Tairow, 1920

портала сцены в здании Московского Камерного театра. По эскизу А. Экстер сшит занавес Камерного театра. 2-го ноября состоялась премьера спектакля „Фамира Кифаред“ по пьесе И. Анненского, декорации и костюмы выполнены по эскизам А. Экстер. Участвует в выставке картин и скульптуры общества художников „Бубновый валет“ (Москва). Участвует в выставке современной русской живописи в Бюро Н. Добычиной (Петроград).

1917 – выходит книга И. Аксенова „Пикассо и окрестности“, оформленная А. Экстер.
9 октября состоялась премьера спектакля „Саломея“ по пьесе О. Уайльда в Московском Камерном театре, А. Экстер – автор костюмов и декораций.
Участвует в выставке картин общества художников „Бубновый валет“. Участвует во 2-й выставке современного декоративного искусства в Москве в салоне К. Михайловой. В конце декабря возвращается в Киев.

Künstlervereinigung. Veröffentlichung zweier Radierungen in dem ihr gewidmeten Buch „Neuvaschitelnye osnowanija“ („Unentschuldigte Begründungen“) von I. Axenow, erschienen im Moskauer „Zentrifuga“ Verlag. Im Auftrag desselben Verlages arbeitet E. an einem Album mit Gouachen unter dem Titel „Rasryw. Dwischenie. Wes.“ („Ril. Bewegung. Gewicht.“). Das Album wurde nicht veröffentlicht. Dekoration der Bühnentreppe, der Eingangshalle und des Bühnenportals im Moskauer Kammertheater. Der Vorhang des Kammertheaters wird nach einem Entwurf von E. genäht. 2. Februar, Premiere des Stücks „Thamira Khytharedes“ von I. Annensky in der Regie von A. Tairow. Bühnenbild und Kostüme werden nach Entwürfen von E. angefertigt. Teilnahme an der Bilder- und Skulpturen-Ausstellung der Künstlervereinigung „Karobube“ in Moskau. Teilnahme an der Ausstellung der „Modernen Russischen Malerei“ im „Dobytschina-Büro“ in Petrograd.

1917 Publikation des Buches „Picasso und seine Umgebung“ von I. Axenow, gestaltet von E.

Венеция. 1924
Холст, смешаная техника
268 x 639
Государственная Третьяковская галерея, Москва

Venedig 1924
Mischtechnik auf Leinwand
268 x 639 cm
Staatliche Tretjakow Galerie, Moskau

1918 – открывает вместе с Е. Прибыльской мастерскую живописи и декоративного искусства, которая вскоре станет „Студией А. Экстер" и с перерывами просуществует до самого конца 1918 года. Организует выставку работ Е. Прибыльской и Г. Собачко-Шостак. Организует выставку „Детское творчество", в которой участвуют некоторые из учеников ее детской студии. Участвует во Всеукраинском съезде деятелей искусства. Пишет эскизы костюмов для новой эстрадной программы Эльзы Крюгер. Проектирует костюм для В. Юреневой в спектакле театра „Соловцов" „Екатерина Ивановна" по пьесе Л. Андреева. 3-го октября умирает Николай Евгеньевич Экстер. Пишет эскизы костюмов для спектаклей Н. Евреинова и М. Мордкина, переехавших в это время в Киев. Готовит к изданию вместе с поэтом В. Маккавейским литературно-художественный сборник „Гермес" (опубликован в 1919). Вместе с И. Рабиновичем расписывает зал киевского Литературно-артистического клуба.

1919 – в начале января уезжает в Одессу. Открывает студию, которая с перерывами просуществует до апреля 1920 года. Сотрудничает с Эльзой Крюгер, разрабатывает серию костю-

Am 9. September Premiere des Stücks „Salomé" am Moskauer Kammertheater, nach der gleichnamigen Vorlage von Oscar Wilde. Regie: A. Tairow. Bühnenbild und Kostüme: Alexandra Exter. Teilnahme an der Bilderausstellung der Künstlervereinigung „Karobube". Teilnahme an der 2. Ausstellung für „Moderne Dekorative Kunst" im „Michajlowa-Salon", Moskau. Ende Dezember, Rückkehr nach Kiew.

1918 Gemeinsam mit Pribylskaja eröffnet E. eine Mal-, Dekorations- und Kunstwerkstatt, die kurze Zeit später zum „Exter-Studio" avanciert und mit Unterbrechungen bis Ende 1918 existiert. E. organisiert eine Ausstellung mit Arbeiten von E. Pribylskaja und G. Sobatchko-Schostak. Sie organisiert ferner die Ausstellung „Kinderwerke", an welcher Schüler ihres Kinderstudios teilnehmen. Teilnahme an der „Allukrainischen Tagung der Kunstschaffenden". Kostümentwürfe für das neue Bühnenprogramm von Elsa Krüger. Kostümentwürfe für W. Jurenewa im Stück „Ekaterina Iwanowna" von L. Andreew im Solowzow-Theater. 3. Oktober, Tod des Ehemannes, Nikolaj Ewgeniewitsch Exter. Kostümentwürfe für Stücke von N. Ewreinow und M. Mordkin. In Zusammenarbeit mit dem Dichter W. Mackawejskij plant E. den Sammelband für Literatur und Kunst

Александра Экстер
Середина 1930-х

Alexandra Exter
Mitte 1930 Jahre

мов для новой ее программы. Участвует в оформлении одесских улиц к Первомайским праздникам. Участвует в Первой выставке картин, плакатов и детского творчества.

1920 – в апреле возвращается в Киев. Вновь открывает студию. Сотрудничает с Брониславой Нижинской в ее „Школе движений". В августе окончательно переезжает в Москву. Пишет эскизы костюмов и декораций для спектакля Московского Художественного театра „Дама-невидимка" по Н. Кальдерону (не осуществлен). Выходит замуж за Георгия Георгиевича Некрасова.

1921 – пишет эскизы костюмов и декораций к спектаклю „Смерть Тарелкина" А. Сухово-Кобылина для студии Московского Художественного театра (не осуществлен). 17 мая состоялась премьера спектакля „Ромео и Джульетта" в Московском Камерном театре (постановка А. Таирова, декорации и костюмы по эскизам А. Экстер). Работает над оформлением спектакля „Современный Хлестаков" по пьесе Д. Смолина. Участвует в выставке „5 x 5 = 25".

„Hermes", der 1919 erscheint. Zusammen mit I. Rabinowitsch malt E. den Saal des Literaten- und Künstlerklubs in Kiew aus.

1919 Anfang Januar, Umzug nach Odessa. Eröffnung eines Ateliers, welches mit Unterbrechungen bis April 1920 existiert. Zusammenarbeit mit Elsa Krüger: Entwirft eine Kostümreihe für deren neues Bühnenprogramm. Teilnahme an der Ausgestaltung der Straßen von Odessa anläßlich der Maifeierlichkeiten. Teilnahme an der „Ersten Ausstellung von Bildern, Plakaten und Kinderarbeiten".

1920 Im April, Rückkehr nach Kiew. Wiedereröffnung ihres Ateliers. Zusammenarbeit mit Bronislawa Nijinska in deren „Schule der Bewegungen". Im August, endgültiger Umzug nach Moskau. E. entwirft Kostüme und Bühnenbild für die geplante Aufführung „Die unsichtbare Dame" (nach P. Calderón) im Moskauer Künstlertheater. Das Stück wurde nicht aufgeführt. Heirat in Zweiter Ehe mit Georgij Georgijewitsch Nekrasow.

1921 E. entwirft Kostüme und Bühnenbild für die geplante Aufführung „Der Tod von Tarelkin" (nach A. Suchowo-Kobylin) im Studio des Moskauer Künstlertheaters. Das Stück wurde nicht

Замки на дне моря. Около 1928
Холст, масло. 89 x 115,5
Галерея Гмуржинской, Кельн

Schlösser unter dem Meer um 1928
Öl auf Leinwand, 89 x 115,5 cm
Galerie Gmurzynska, Köln

1922 – участвует в Первой русской художественной выставке в галерее Ван-Димен (Берлин). Выходит книга Я. Тугендхольда „Искусство Дега" в оформлении А. Экстер.

1922–1923 – сотрудничает с „Мастерской современного костюма", с ателье мод „Москошвея". Разрабатывает эскизы тканей для промышленного производства. Работает с рядом московских художников над созданием формы Красной Армии. Выступает с рядом публикаций по проблемам современного костюма. Участвует в выставке „Художники Камерного театра" (Берлин, Париж). В сотрудничестве с архитектором Б. Гладковым и В. Мухиной проектирует павильон „Известий" на Первой всероссийской сельскохозяйственной и кустарно-промышленной выставке (Москва). Разрабатывает и осуществляет костюмы к фильму „Аэлита" по роману А. Толстого (режиссер Я. Протазанов).

aufgeführt. 17. Mai, Premiere im Moskauer Kammertheater von „Romeo und Julia" nach Shakespeare. Regie: A. Tairow, Bühnenbild und Kostüme nach Entwürfen von E.. Weitere Arbeit an der Ausstattung des Stücks „Der moderne Chlestakow" von D. Smolin. Teilnahme an der Ausstellung "5 x 5 = 25".

1922 Teilnahme an der „Ersten russischen Kunstausstellung" in der Berliner Galerie Van Diemen & Co. Publikation des Buches „Die Kunst von Edgar Degas" von J. Tugendhold, künstlerische Gestaltung: Alexandra Exter.

1922-1923
E. arbeitet mit der „Werkstatt für das Moderne Kostüm" und mit dem Modeatelier „Moskowschweja" („Die Moskauer Näherin") zusammen. Sie entwirft Stoffe für industrielle Fertigungen. Zusammen mit mehreren Moskauer Künstlern arbeitet sie an einer neuen Uniform für die Rote Armee. Veröffentlichung mehrerer

Выставка Александры Экстер
Галерея „Дер Штурм“
Берлин, 1927

Alexander Exter Ausstellung
Galerie «Der Sturm»
Berlin 1927

Проект куклы-марионетки.
Около 1926
Бумага, гуашь. 50,5 x 35,5
Галерея Гмуржинской, Кельн

Projekt für eine Marionette
Um 1926, Gouache auf Papier
50,5 x 35,5 cm
Galerie Gmurzynska, Köln

1924 – участвует в организации советского павильона и экспонирует свои работы на XIV Международной выставке искусств (Венеция). В декабре навсегда поселяется в Париже.

1925 – участвует в оформлении советского павильона и экспонирует свои работы на Всемирной выставке декоративного искусства и художественной промышленности (Париж). Участвует в международной выставке новой театральной техники (Вена). Пишет эскизы костюмов и декораций для балетов Брониславы Нижинской. Сотрудничает с Борисом Романовым – руководителем „Русского романтического театра“ в Берлине. Преподает в Академии современного искусства Фернана Леже, ведет курс композиции и сценографии.

Artikel über moderne Kleidung. Teilnahme an der Ausstellung „Die Künstler des Kammertheaters“ in Berlin und Paris. In Zusammenarbeit mit den Architekten B. Gladkow und W. Muchina fertigt sie einen Entwurf für den Pavillon der Partei Zeitung „Iswestija“ auf der „Ersten All-unions- Ausstellung für Landwirtschaft- und Heimindustrie“ in Moskau an. Entwurf der Kostüme zum Film „Aelita“ nach einer Novelle von Alexej Tolstoj, Regie: J. Protasanow.

1924 Teilnahme an den Organisationsarbeiten für den Pavillon der UdSSR und Ausstellung eigener Werke auf der 14. Biennale in Venedig. Im Dezember erfolgt der Umzug nach Paris.

1925 Teilnahme an der Gestaltung des Pavillons der UdSSR und Ausstellung eigener Werke auf der Internationalen Ausstellung Moderner und Angewandter Kunst („Exposition Internationale des Arts Décoratifs et Industriels Modernes“) in Paris.

Александра Экстер в своей мастерской в Париже
Конец 1920-х годов

Alexandra Exter in ihrem Pariser Atelier
Ende 1920er Jahre

1926 – участвует в Международной театральной выставке (Нью-Йорк). Разрабатывает серию марионеток для неосуществленного фильма У. Гада.

1927 – работает с режиссером Н. Евреиновым над фильмом „Дочь Гелиоса" (не завершен). В Берлине в галерее „Дер Штурм" организована первая выставка произведений А. Экстер. Эта же экспозиция была показана и в Магдебурге.

1928 – в Лондоне в галерее Клэридж состоялась персональная выставка А. Экстер. Работы А.Экстер экспонируются на выставке „Современное французское искусство" (Москва).

1930 – переезжает в пригород Парижа – Фонтенэ-о-Роз. Выходит в свет альбом „Александра Экстер. Театральные декорации" с предисловием Александра Таирова. Участвует в выставке „Круг и квадрат" (Париж). Создает декоративные панно, расписывает керамику. Для парижского издательства „Фламмарион" иллюстрирует книги-панорамы „Река", „Гора", „Море", „Мой сад". Начинает делать уникальные экземпляры „рукописных" книг.

Teilnahme an der Internationalen Ausstellung für moderne Theatertechnik in Wien. Entwirft Kostüme und Bühnenbilder für Ballettaufführungen von Bronislawa Nischinski. Zusammenarbeit mit Boris Romanow, dem Leiter des „Russischen Romantischen Theaters" in Berlin. Lehrtätigkeit an der „Académie moderne" von Fernand Léger in den Fächern „Komposition" und „Bühnenbild".

1926 Teilnahme an der Internationalen Theaterausstellung in New York. Entwurf einer Serie von Marionettenfiguren für einen nicht produzierten Film von Urban Gad.

1927 In Zusammenarbeit mit dem Regisseur N. Ewreinow Arbeit am unvollendet gebliebenen Film „Die Tochter des Helios". In der Berliner Galerie «Der Sturm» findet die erste Einzelausstellung mit Werken von E. statt. Die Ausstellung wird später nochmals in Magdeburg gezeigt.

1928 Einzelausstellung in der Londoner Claridge Gallery. E.s Arbeiten werden in der Ausstellung „Moderne französische Kunst" in Moskau ausgestellt.

1930 Umzug in den Pariser Vorort Fontenay-aux-Roses. Publikation des Albums „Alexandra Exter - Theaterdekorationen" mit einem Vorwort von Alexander Tairow. Teilnahme an der Ausstellung

Александра Экстер. 1937

Alexandra Exter, 1937

1934 – участвует в Международной выставке театрального искусства (Нью-Йорк).

1936 – участвует в выставке „Кубизм и абстрактное искусство" в Музее современного искусства (Нью-Йорк).

1937 – в Праге в художественно-промышленном музее открывается выставка „Александра Экстер. Театр. Макеты, декорации, костюмы".

1938 – участвует в выставке „Искусство театра" в Национальной галерее Канады в Оттаве.

Конец 1930-х – начало 1940-х – дает частные уроки живописи. Разрабатывает многие сценографические проекты, не связанные с конкретными театральными постановками.

1945 – умирает Георгий Георгиевич Некрасов.

1949 – Александра Экстер скончалась 17 марта. Похоронена на кладбище Фонтенэ-о-Роз.

„Cercle et Carrè" in Paris. Dekorative Großbilder entstehen. E. befaßt sich mit Keramikmalerei. Für den Pariser Verlag „Flammarion" illustriert E. Landschaftsbücher wie „Der Fluß", „Die Berge", „Das Meer", „Mein Garten". E. beginnt mit der Anfertigung von „handgeschriebenen" Büchern, jedes ist ein Einzelstück für sich.

1934 Teilnahme an der „Internationalen Theaterkunst Ausstellung" in New York.

1936 Teilnahme an der Ausstellung „Der Kubismus und die Abstrakte Kunst" im Museum of Modern Art in New York.

1937 Eröffnung der Ausstellung „Alexandra Exter, Theater, Bühnenbild, Attrappen, Kostüme", im Museum für Kunst, Handwerk und Industrie in Prag.

1938 Teilnahme an der Ausstellung „Theaterkunst" in der Kanadischen Nationalgalerie in Ottawa.

Ende 1930er, Anfang 1940er Jahre
E. gibt Unterricht im Fach Malerei und arbeitet an zahlreichen Bühnenbildprojekten, jedoch ohne direkten Bezug zu Theateraufführungen.

1945 Tod des Zweiten Ehemannes Georgij Georgijewitsch Nekrasow.

1949 E. stirbt am 17. März und wird auf dem Friedhof ihres letzten Wohnortes Fontenay-aux-Roses beigesetzt.

Библиография
Bibliographie

I. Artikel über Alexandra Exter Enzyklopädien in russischer Sprache

Bol'šaja Sovetskaja Enciklopedija (Große Sowjet-Enzyklopädie), Bd. 63, Moskau 1935

Teatral'naja enciklopedija (Theaterenzyklopädie), Bd. 5, Moskau 1968

D. Severjuchin und O. Lejkind, *Chudožniki russkoj emigracii (Künstler der russischen Emigration) 1917-1941*, St. Petersburg 1994

Izobrazitel'noe iskusstvo: Rossija, 20 vek (Darstellende Kunst: Rußland, 20. Jh.), Moskau 1995

Russkoe zarubež'e. Zolotaja kniga emigracii. Pervaja tret' 20 veka. (Rußland in der Diaspora, Das Goldene Buch der Emigration, Erste Hälfte des 20. Jh.), Moskau 1997

O. Lejkind, K. Machrov und D. Severjuchin, *Chudožniki russkogo zarubež'ja. Biografičeskij slovar' (Künstler der russischen Diaspora, Ein biographisches Lexikon)*, St. Petersburg 1999

In europäischen Sprachen

Enciclopedia dello spettacolo, Roma 1957, vol. 4

The Thames and Hudson Encyclopedia of the Arts, London 1966

A Visual Dictionary of Art, London 1974

Dictionnaire Universel de la Peinture, Paris, Le Robert 1975

E. Bénézit, *Dictionnaire critique et documentaire des Peintres, Sculpteurs, Dessinateurs et Graveurs*, Paris 1976

Petit Larousse de la Peinture, vol. I, Paris 1979

The Oxford Dictionary of Art, Oxford-New York 1988

Lexikon der Kunst, Bd. II, Leipzig 1989

Dictionnaire de la peinture et de la sculpture, l'Art du XXe siècle, Paris, Larousse, 1991

Dictionnaire d'Art Moderne et Contemporain, Paris, Hazan, 1992

Lexikon der Kunst, Bd. 4, Erlangen, Karl-Müller-Verlag, 1994

Dictionnaire de la Mode du XXe siècle, Paris, Regard, 1994

J. Milner, *A Dictionary of Russian and Soviet Artists 1420-1970*, London 1994

The Thames and Hudson Dictionary of Art and Artists, London 1994

M. Byars, *The Design Encyclopedia*, London 1994

M. Corvin, *Dictionnaire Encyclopédique du Théâtre*, vol. I, Paris, Bordes, 1995

P. Daix, *Dictionnaire Picasso*, Paris, Robert Lafort, 1995

Dictionnaire de la Peinture, vol. I, Paris, Larousse, 1996

The Dictionary of Art, vol. 10, London-New York, Macmillan, 1996

Dictionnaire de la Peinture, vol. I, Paris, Larousse-Bordes, 1996

G. Schurr und P. Cabonne, *Dictionnaire des Petits Maîtres de la peinture 1820-1920*, vol. I, Paris 1996

The Oxford Dictionary of Art (New Edition), New York-Oxford 1997

J. Chilvers, *A Dictionary of Twentieth-Century Art*, Oxford 1998

Du Mont's Künstlerlexikon, Köln 1998

P. Le Thorel-Daviot, *Petit Dictionnaire des Artistes Modernes*, Paris, Larousse, 1999

Dictionnaire de la Peinture, Paris, Larousse, 1999

II. Literatur über das Werk von Alexandra Exter in russischer und ukrainischer Sprache

M. Davydova, *Očerki istorii russkogo teatral'no-dekoracionnogo iskusstva XVIII-načala XX veka (Zur Geschichte der russischen Theaterdekorationskunst des 18.-Anfang 20. Jh.)*, Moskau 1974

K. Deržavin, *Kniga o Kamernom teatre (Das Buch über das Kammertheater)*, Leningrad 1934

A. Efros, „Chudožestvennye itogi" („Die künstlerischen Schlußstriche"), *Kul'tura teatra*, Nr. 6, Moskau 1921

ders.: *Kamernyj teatr i ego chudožniki, 1914-1934 (Das Kammertheater und seine Künstler, 1914-1934)*, Moskau 1934

B. Erdman, V poiskach „trjochmernoj" dekoracii. (Auf der Suche nach der „dreidimensionalen" Dekoration), *Vestnik teatra*, Nr. 50, Moskau 1920

Aleksandra Ekster, *Eskizy dekoracij i kostjumov. Iz sobranija Gosudarstvennogo Central'nogo Muzeja im. A. Bachrušina (Alexandra Exter, Entwürfe zu Dekorationen und Kostümen aus der Sammlung des Staatlichen Zentralen A. Bachruschin-Museums)*, Katalog, Moskau 1986

Aleksandra Ekster, *Ot impressionizma k konstruktivizmu. Katalog vystavki. (Alexandra Exter, Vom Impressionismus zum Konstruktivismus)*, Ausstellungskatalog, Moskau 1988

N. Foregger, „Vystavka ‚Kol'co'" (Die „Ring"-Ausstellung), *Muzy*, Nr. 5, Kiew 1914

N. Giljarovskaja, *Teatral'no-dekoracionnoe iskusstvo za 5 let (5 Jahre Kunst der Theaterdekoration)*, Kasan 1924

dies.: *Teatral'no-dekoracionnoe iskusstvo za 12 let (12 Jahre Kunst der Theaterdekoration)*, Kasan 1924

D. Gorbačev, „Eine Lehrerin für viele", *Ukraina*, Nr. 5, Kiew 1984 (in ukrain. Sprache)

ders.: „Alexandra Exter in Kiew und Paris", *Vsesvit*, Nr. 10, Kiew 1988 (in ukrain. Sprache)

M. Kolensikow, *Aleksandra Ekster - dlja baleta buduščego (Alexandra Exter - für das Ballett der Zukunft)*, *Sowetskij balet*, Nr. 3, Moskau 1987

A. Koonen, *Stranicy žizni (Erinnerungen)*, Moskau 1975

G. Kowalenko, „Aleksandra Ekster" („Alexandra Exter"), *Tworčestvo*, Nr. 10, Moskau 1987

ders.: „Alexandra Exters Theater und Malerei", *Ukrainskij teatr*, Nr. 4, Kiew 1988 (in ukrain. Sprache)

ders.: „Ekster v Pariže" („Exter in Paris"), *Teatral'naja žizn,'* Nr. 17, 1990

ders.: „Aleksandra Ekster v Pariže" („Alexandra Exter in Paris"), *Teatr*, Nr. 2, Moskau 1992

ders.: „Vom Kubismus zur gegenstandslosen Malerei", *Vsesvit*, Nr. 2, Kiew 1993 (in ukrain. Sprache)

ders.: „Marionetki Aleksandry Ekster" („Die Marionetten von Alexandra Exter"), *Kukart*, Nr. 3, Moskau 1992

ders.: „Cvetovye dinamiki Aleksandry Ekster" („Alexandra Exters Farbdynamiken"), *Moskovskij nabljudatel'*, Nr. 5-6, Moskau 1993

ders.: *Aleksandra Ekster (Alexandra Exter)*, Moskau 1993

ders.: „O nekotorych čertach kubističeskoj živopisi Aleksandry Ekster" („Einige Züge der kubistischen Malerei von Alexandra Exter") in: *Russkij avangard v krugu evropejskich kul'tur (Die russische Avantgarde im Kreise europäischer Kulturen)*, Moskau 1994

ders.: „‚Cvetovaja dinamika' Aleksandry Ekster. Iz byvšego sobranija Kurta Benedikta", („Alexandra Exters ‚Farbdynamik' aus der ehemaligen Sammlung von Kurt Benedikt"), in der Reihe *Pamjatniki kul'tury. Novye otkrytija. Rossijskaja Akdemija Nauk.* Ežegodnik 1994. (*Kulturdenkmäler, Neue Entdeckungen, Jahrbuch der Russischen Akademie der Wissenschaften*, Bd. 1994), Moskau 1996

ders.: „Ob atribucii proizvedenij Aleksandry Ekster" („Über die Zuschreibung von Werken bei Alexandra Exter"), *Pinakoteka*, Nr. 3, Moskau 1997

ders.: „Ljubov' dlinoju v žizn'" („Eine lebenslange Liebe"), in *Stoličnye novosti*, Nr. 10, Kiew 1999

ders.: „Obrazy Venecii" („Venezianische Bilder"), *Russkaja galereja*, Nr. 1, Moskau 1999

ders.: „Aleksandra Ekster v Germanii" („Alexandra Exter in Deutschland") im Band *Malevič. Klassičeskij avangard (Malewitsch, Die Klassische Avantgarde)*, vyp. 3, Vitebsk 1999

ders.: „Aleksandra Ekster v Odesse. 1919-1920 gg." („Alexandra Exter in Odessa, 1919-1920"), *Iskusstvoznanie*, Nr. 2, Moskau 1999

ders.: „Aleksandra Ekster v Germanii". „Rossija-Germanija" („Alexandra Exter in Deutschland", „Rußland-Deutschland") im Band *Vipperovskie čtenija 1996 (Die Vipper'schen Lesungen 1996)*, Moskau 2000

ders.: „Marionetki Aleksandry Ekster" („Alexandra Exters Marionetten"), *Kukart*, Nr. 7, Moskau 2000 ders.: „Aleksandra Ekster“ („Alexandra Exter“) im Ausstellungskatalog *Amazonki avangarda (Die Amazonen der Avantgarde)*, Moskau 2001

N. Kulbin, „Vystavka „Kol'co“ („Die 'Ring'-Ausstellung"), in: *Muzy*, Nr. 5, Kiew 1914

N. Lobanov-Rostovsky, „Po sledam chudožnika" (Auf den Spuren der Künstlerin), in: *Ogonjok*, Nr. 4, Moskau 1988

A. Lupandina, „Chudožnik Kamernogo teatra“. („Der Künstler des Moskauer Kammertheaters“), *Tvorčestvo*, Nr. 9, Moskau 1980

L. Nikulin, „Trjochmernost' i imažinizm“ („Das Dreidimensionale und der Imaginismus“), *Vestnik teatra*, Nr. 55, Moskau 1920

V. Rakitin, „Marsijane A. Ekster“ („Die Marsmenschen von Alexandra Exter“) *Dekorativnoe iskusstvo*, Nr. 4, Moskau 1977

Rosscij (A. Efros) „Pis'mo iz Moskvy. Vystavka“ („Ein Brief aus Moskau, Die Ausstellung“), *Apollon*, Nr. 8-10, Petrograd 1917

T. Striženova, „Avtor kostjuma - Alksandra Ekster“ („Designerin des Kostüms - Alexandra Exter“), *Dekorativnoe iskusstvo*, Nr. 1, Moskau 1967

dies.: *Iz istorii sovetskogo kostjuma (Zur Geschichte des sowjetischen Bühnenkostüms)*, Moskau 1972

A. Tairow, *Zapiski rezissjora (Die Aufzeichnungen eines Regisseurs)*, Moskau 1921

J. Tugendhold, „Pis'mo iz Moskvy“ („Ein Brief aus Moskau“), *Apollon*, Nr. 1, Petrograd 1917

ders.: „Moskovskie teatry“ („Die Moskauer Theater“) *Apollon*, Nr. 8-10, 1917

ders.: Aksandra Ekster kak živopisec i chudožnik sceny (Alexandra Exter als Malerin und Bühnenkünstlerin), Moskau 1922. Die deutsche Ausgabe erschien im selben Jahr unter dem Titel *Alexandra Exter* bei „Sarja“ in Berlin

ders.: „K obmundirovaniju Krasnoj Armii“ („Über die Uniform der Roten Armee“), *Krasnaja Niva*, Nr. 9, Moskau 1923

O. Voronova, *Vera Ignat'evna Muchina*, Moskau 1976

III. Bücher in europäischen Sprachen

O. M. Sayler, *The Russian Theatre under the Revolution*, New York-London 1922

L. Lozowick, *Modern Russian Art*, New York 1925

J. Gregor und R. Fülop-Miller, *Das Russische Theater*, Wien 1928

C. Gray, *The Great Experiment, 1883-1922*, London 1962

A. Soffici, „Autoritratto d'artista italiano nel quadro del su tempo“, in: A. Soffici Opere, vol. 7, Florenz 1968

A. del Guercio, *Le Avanguardie russe e sovietiche*, Mailand 1970

V. Marcadé, *Le Renouveau de l'art pictural russe, 1863-1914*, Lausanne 1971

H. Marshall, *The Pictorial History of the Russian Theatre*, New York 1977

S. Fauchereau, *L'avant-garde russe*, Paris 1979

L. Vergine, *L'altra metá dell'avanguardia 1910-1940*, Mailand 1980

J. Milner, *Russian Revolutionary Art*, New York 1981

A. Nakov, *Abstrait - Concret - Art Non-Objectif Russe et Polonais*, Paris 1981

J. Garrett Glover, *The Cubist Theatre*, Ann Arbor 1983

A. Nakov,. *L'Avant-Garde Russe*, Paris 1984

G. Brühl, *Herwarth Walden und «Der Sturm»*, Leipzig-Köln 1983

W. Hageney, (Hg.), *Paris 1928-1929*, Mailand 1985

M. Mudrak, *The New Generation and Artistic Modernism in the Ukraine*, Ann Arbor 1986

S. Fauchereau, *Moscou 1900–1930*, Freiburg 1988

M. Jablonskaya, *Women Artists of Russia's New Age*, New York 1990

J. Howard, *The Union of Youth*, Manchester 1992

J. – C. Marcadé, *Le Futurisme russe*, Paris 1989

V. Marcadé, *Art d'Ukraine*, Lausanne 1990

J. – C. Marcadé, *L'Avant-Garde Russe*, Paris 1995

W. Chadwick, *Women, Art and Society*, New York-London 1996

H. Jurkowski, *Métamorphoses - La Marionette au XXe siècle*, Paris 2000

Artikel

J. Tugendhold und M. Guinsburg, „L'Architecture, l'Art industriel, l'Art du livre et l'Art de la mise en scène en URSS, *L'Amour de l'Art*, Nr. 10, 1925

R. Schlacht, „Ausstellung Alexandra Exter", *Der Neue Weg*, [Berlin] 1927, Nr. 28, S. 449-450

L. Lozowick, „Alexandra Exter's Marionettes", *Theatre Arts Monthly*, [New York], Juli 1928, vol. 12, Nr. 7

A. Boll, „Alexandra Exter, peintre de décors", *Paris Soir* vom 07.07.1929

S. Lissim, „Alexandra Exter et le décor lumineux", *Beaux-Arts* vom 06.09.1935

J. M., „Divadelní vytvarnici", *Divadlo* [Prag], 07. 04. 1937

L. Haskell, „Russian Drawings in the Victoria and Albert Museum", *Oxford Slavonic Papers*, 1972, vol. 5, S. 1-51

J. Bowlt, „Alexandra Exter, a veritable amazon of the Russian Avant-Garde", *Art News*, Nr. 73, September 1974

S. R. Compton, „Alexandra Exter an the dynamic stage", *Art in America*, Nr. 62, September 1974

K. Hilton, „Bringing Cubism to the Stage", *The New York Times*, 05.05.1974

Ch. Douglas, „The New Russian Art and Italian Futurism", *Art Journal*, Nr. 34, Frühjahr 1975

K. Hilton, „Sculptural Daring in Exter Marionettes", *The New York Times*, 01.12.1975

M. Louis, „Aelita ou le rêve de l'homme ridicule", *Archives d' Architecture Moderne*, Brüssel, Juli 1977, S. 33 - 49

D. Sutten, „Love at first sight", *Apollo*, vol. CVII, 1978, Nr. 193

Ch. Lodder, „Constructivist Theater as a Laboratory for an Architectural Aesthetic", *Architectural Association Quaterly*, vol. 2, 1979, S. 24 - 35

R. Cohen, „Alexandra Exter's Designs for the Theatre", *Artforum*, Sommer 1981

A. Law, „Alexandra Exter: Theatrical Constructivism", *Bulletin of Nelson Atkins Museum of Art*, vol. 5, 1982, Nr. 7

G. Fabre, „L' Atelier Fernand Léger à l' Académie Moderne 1924 - 1931", *L' Oeil*, März 1982

J. - C. Marcadé, „Femmes d' avant-garde russe (Olga Rozanova, Alexandra Exter, Lioubov Popova)", *L' Oeil*, Mai 1983

J. - C. Marcadé und V. Marcadé, „Femmes d'avant-garde sur fond russe 1907-1930", im Katalog *L'Avant-garde au féminin*, Galerie Artcurial, Paris 1983

R. C. Cohen, „Russian Avant-Garde Drawing", *Drawing*, Januar-Februar 1984

A. L. de Saint-Rat, „Children's Books by Russian Emigré Artists 1921 - 1940", *Journal of Decorative and Propaganda Arts*, Winter 1989

C. Hamon, „'Aelita, de Protazanov: du décor de théâtre au décor de cinéma", *Théâtre et cinéma années vingt*, [Lausanne] 1990, vol. 2, S. 39 - 51

I. Schlagheck, „Geniale Tochter der russischen Revolution", *Art*, 1992, Nr. 3, S. 32 - 42

A. Nakov, "A Modern-day Modell: On Three Figurines by Alexandra Exter", *Elvehjem Museum of Art Bulletin, Annual Report 1991-1993*, S. 69 - 81

G. Kowalenko, „Alexandra Exter und Deutschland, Alexandra Exter und ihre Berliner Ausstellungen", *Die Russen in Berlin 1910-1930*, Katalog, Galerie Stolz, Berlin 1995

ders.: „La Peinture cubo-futuriste d' Alexandra Exter", *Ligeia* [Paris] 1997-1998, Nr. 21-24, S. 104-119

ders.: „Alexandra Exter", *Amazonen der Avantgarde*, Katalog, Deutsche Guggenheim, Berlin 1999, S. 131-139

S. Fauchereau, „Russie - Le Temps des Amazones", *Connaissance des Arts*, Dezember 1999, Nr. 567, S. 66-71

G. Beaudou, „Alexandra Exter et l' Avant-Garde Russe", in: *Femmes + Art au XXe siècle: Le temps des défis* (sous la direction de M.-H. Dumas), Paris 2000, S. 27 - 37

Перечень выставок
Ausstellungsverzeichnis

IV. Einzelausstellungen nach 1949
Frühere Ausstellungen siehe *Biographische Daten*

Alexandra Exter, Galerie Jean Chauvelin, Paris 1972

A. Exter - M. Andreenko, Russische Avant-Garde, Galerie Werner-Kunze, Berlin 1974

Artist of Theatre Alexandra Exter, Vincent Astor Gallery, New York 1974

Alexandra Exter, Marionettes, Leonard Hutton Gallery, New York 1975

Alexandra Exter, Marionettes and Theatrical Designs, Hirschhorn Museum and Sculpture Garden, Washington 1980

Aleksandra Ekster, Chudozestvennyj Muzej, Odessa 1987 (russ.)

Aleksandra Ekster. Ot impressionisma k konstruktivizmu, Gosudarstwennyj central'nyj teatral'nyj muzej imeni A. Bachrusina, Moskau 1988 (russ.)

Alexandra Exter e il Teatro di Camera, Museo d' Arte Moderna e Contemporanea di Trento e Rovereto, 1991

V. Gruppenausstellungen nach 1949
Frühere Ausstellungen siehe *Biographische Daten*

Il contributo russo alle avanguardie plastiche, Galleria del Levante, Milano - Roma 1964

Beeldend Experiment op de Planken, Stedelijk Van Abbe Museum, Eindhoven 1964

Ballet Designs and Illustrations 1581-1940, Victoria and Albert Museum, London 1967

Aspects of Russian Experimental Art 1900-1925, Grosvenor Gallery, London 1967

Avantgarde 1910-1930 Osteuropa, Akademie der Künste und Kunstverein Berlin, Berlin 1967

Aspects de l' Avant-Garde Russe 1905-1925, Galerie Jean Chauvelin, Paris 1969

Russian Art of the Revolution, Andrew Dickinson White Museum of Art, Cornell University, Ithaka, New York 1970

Art of the Twenties, The Museum of Modern Art, New York 1970

Russian Avant-Garde: 1908-1922, Leonard Hutton Gallery, New York 1971

Konstruktivismus, Entwicklungen und Tendenzen seit 1913, Galerie Gmurzynska, Köln 1972

Vision Russe, Galerie Motte, Genf 1972

Progressive russische Kunst, Galerie Gmurzynska, Köln 1973

The Non-Objective World 1914-1955, Annely Juda Fine Art, London 1973

Tatlin's Dream, Russian Suprematist and Constructivist Art 1910-1923, Fischer Fine Art Ltd, London 1973-74

The Russians, Early 20th Century, Far Gallery, New York 1974

De Stijl - Cercle et Carré, Galerie Gmurzynska, Köln 1974

Von der Fläche zum Raum, Russland 1916-1924, Galerie Gmurzynska, Köln 1974

Der Beitrag Russlands, Galerie Johanna Ricard, Nürnberg 1974

Russian Constructivism Revised, University of Newcastle-upon-Tyne 1974

Rétrospective des indépendants, fauves et cubistes, Salon des Indépendants, Paris 1974

Theatre, An Exhibition of Twentieth Century Theatrical Designs and Drawings, Annely Juda Fine Art, London 1974-75

Die 20-er Jahre in Osteuropa, Galerie Gmurzynska, Köln 1975

Russian Constructivism: "Laboratory Period", Annely Juda Fine Art, London 1975

Russian Suprematist and Constructivist Art 1910-1930, Fischer Fine Art London 1976

Die reine Form, Von Malewitsch bis Albers, Kunstmuseum, Düsseldorf 1976

Malewitsch - Mondrian und ihre Kreise, Kölnischer Kunstverein, 1976

Aspects historiques du constructivisme et de l'art concret, Musée d'art Moderne de la ville de Paris, 1977

Suprématisme, Galerie Jean Chauvelin, Paris 1977

Die Kunstismen in Russland 1907–30, Galerie Gmurzynska, Köln 1977

Künstlerinnen 1877–1977, Schloss Charlottenburg, Berlin 1977

Tendenzen der Zwanziger Jahre, 15. Europäische Kunstausstellung, Berlin 1977

Revolution: Russian Avant-Garde 1912–1930, The Museum of Modern Art, New York 1978

Russische Avantgarde 1910–1930, Galerie Bargera, Köln 1978

Künstlerinnen der russischen Avantgarde 1910–1930, Galerie Gmurzynska, Köln 1979

Constructivism and the Geometric Tradition, Albright-Knox Art Gallery, Buffalo 1979

Paris - Moscou. 1900–1930, Centre Georges Pompidou, Paris 1979

Origini dell' astrattismo, Palazzo Reale, Mailand 1979-80

Russian Avant-Garde: New Perspektives, Los Angeles County Musem, 1980

Russian Theatre and Costume Design, The Fine Art Museum, San Francisco 1980

Futurism and International Avant-Garde, Philadelphia Museum of Art, 1980

Abstraction 1910–1940, Annely Jude Fine Art, London 1980

Die Kunst Osteuropas im 20. Jahrhundert, Museum Bochum, 1980

Es Espíritu Dada 1915–1925, Museo de Arte Contemporáneo de Caracas, 1980

Invention and the Tradition, The University of Virginia Art Museum, Charlottesville 1980

The Russian Revolution in Art, Adler / Castillo Inc. and Rosa Esman Gallery, New York 1981

Von der Malerei zum Design, Russische konstruktivistische Kunst der Zwanziger Jahre, Galerie Gmurzynska, Köln 1981

The George Costakis Collection, Russian Avant-Garde, Solomon R. Guggenheim Museum, New York 1981

Art and Revolution, Seibu Museum of Art, Tokio 1982

Russian Stage Design, Scenic Innovation 1900–1930, Mississipi Museum of Art, Phoenix 1982

Collage and Reliefs 1910-1945, Annely Juda Fine Art, London 1982

The Russian Avant-Garde and American Abstract Artists, The Lowe Art Museum, Miami 1983

Art and Dance, The Institute of Contemporary Art, Boston 1983

The 1st Russian Show, Annely Juda Fine Art, London 1983

L'Avant-garde au féminin, Galerie Artcurial, Paris 1983

Russische Kunst des 20. Jahrhunderts (Sammlung Semjonow), Villa Merkel, Esslingen 1984

Women Artists in the Avant-Garde: 1910–1935, Rachel Adler Gallery, New York 1984

Meisterwerke Russischer Malerei vom Ende des 19. Jahrhunderts bis zum Beginn des 20. Jahrhunderts, Josef-Haubrich-Kunsthalle, Köln 1984

Moskau-Paris-München, Russische Künstlerinnen 1907–1930, Galerie Artcurial, München 1984

Contrasts of Form: Geometric Abstract Art 1910-1980, The Museum of Modern Art, New York 1985

130 Set and Costume Designs from Theatre Museum, Victoria and Albert Museum, London 1985

Die Maler und das Theater im 20. Jahrhundert, Schirn Kunsthalle, Frankfurt am Main 1986

Bronislava Nijinska, A Dancer's Legacy, San Francisco Fine Art Museum, 1986

Futurismo e Futurismi, Palazzo Grassi, Venedig 1986

Raumkonzepte, Konstruktivistische Tendenzen in Bühnen- und Bildkunst 1910–1930, Städelsches Kunstinstitut, Frankfurt am Main 1986

Russische Avantgarde 1910-1930, Sammlung Ludwig, Museum Ludwig, Köln 1986

Konstructivists, 1910–1930, Galerie Gmurzynska, Köln 1986

Towards the „Restructuring of the Universe", One View of the 1920's, Rachel Adler Gallery, New York 1986

Pioniere der abstrakten Kunst - Sammlung Thyssen-Bornemisza, Galerie Gmurzynska, Köln 1986

Konstruktivisme i Louisianas samling efter gaven fra, The Riklis-McCrory Collection, Museum for Moderne Kunst, Humleback 1986

Avant-Garde Alchemy, Russian Stage Desing 1900–1930, Muhlenberg College, Allentown, Pennsylvania 1986

Kunst und Revolution, Russische und Sowjetische Kunst 1910-1932, Mücsarnok, Budapest 1987-88

Thespis Adorned, Marion Koogler McNay Museum, San Antonio, Texas 1987

Russian Avant-Garde 1910-1930, Arkansas Collection, The Arkansas Arts Center, Arkansas 1987

Dada and Construktivism, The Seibu Museum, Tokio 1988

Wege zur Abstraktion, 80 Meisterwerke aus der Sammlung Thyssen-Bornemisza, Haus der Kunst, München 1988

Suprematismus-Konstruktivismus, Galerie Stolz, Köln 1988

Muntorsen aika, Förändringens Tid, Time of Change, 1905-1930, Venäläistä avantgardes neuvastoliittolaisista yksityis kokoelmista, Helsingin Taidehalli, Helsinki 1988

Avanguardia russa dalle Collezioni private Sovietiche, Origini e percorso 1904–1934, Bergamo 1988

Kunst der 20er und 30er Jahre, Stadtmuseum, Iserlohn 1989

Dada y Constructivismo, Centro de arte Reina Sofia, Madrid 1989

100 Years of Russian Art, From Private Collection in the USSR, Barbican Art Gallery, London 1989

Vor den Toren der unbekannten Zukunft, Russische Avantgarde der 10er und 20er Jahre, Werke aus Schweizer Privatbesitz, Stiftung für konstruktive und konkrete Kunst, Zürich 1989

Das Leben zur Kunst machen, Helmhaus, Zürich 1989

Russische Avant-Garde Theater (1914-1934), Theatermuseum, Amsterdam 1989

Peinture-Cinéma–Peinture, Centre de la Vieille Charité, Marseille 1989

Paris-Moscou 89, Century Gallery, London 1988

Arte Russa & Sovietica 1870-1930, Milano 1989

De la Révolution à la Perestroyka, Art soviétique de la Collection Ludwig, Musée d'Art Moderne de Saint-Etienne, 1990

Five Centuries of Ukranian Art, From the Collection of the State Museum of Ukrainian Art, Tampere Art Museum, Tampere 1990

Cercle et Carré, Rachel Adler Gallery, New York 1990

Künstlerinnen des 20. Jahrhunderts, Museum Wiesbaden, 1990

Theatre on paper, The Drawing Center, New York 1990

La Epoca Heroica, Ivan Centre Julio Gonzáles, Valencia 1990

The Russian Experiment, Castle Gallery, New Rochelle 1990

The Louise Noun Collection, Art by Women, The University of Iowa Museum of Art 1990

Ukrajinska Avangarda 1910-1930, Muzej suvremene umjetnosti, Zagreb 1991

Spirit of Ukraine, Winnipeg Art Gallery, 1991

Avanguardie russe, Fonte d' Abisso Arte, Milano 1991

Theatre in Revolution, Russian Avant-Garde Stage Design 1913-1935, The Fine Arts Museum of San Francisco, 1991

Vision vom Raum, Galerie Gmurzynska, Köln 1991

L'Art en Mouvement, Fondation Maeght, Paris 1982

Gegen den Strich, Kleider von Künstlern, Musée des Arts décoratifs, Lausanne 1992

L'Avant-Garde Russe 1905-1925, Musée des Beaux Arts de Nantes, 1993

Peintres et sculptures à Paris, Mairie du IXe arrondissement, Paris 1993

Russische Theaterkunst 1910-1936, Österreichisches Theatermuseum, Wien 1993

Entfesselt, Die Russische Bühne 1900-1930, Bayerische Akademie der schönen Künste, München 1994

The George Riabov Collection of Russian Art, Jane Voorhees Zimmerli Art Museum, New Brunswick 1994

Die Russen in Berlin 1910-1930, Galerie Stolz, Berlin 1995

Kandinskij, Malevich e le Avanguardie Russe 1905-1925, Palazzo Bricherasio, Turin 1996

Salomé, Museo Nacional Centre de Arte Reine Sofia, Madrid 1996

Künstler ziehen an - Avantgarde-Mode in Europa 1910 bis 1930, Museum für Kunst und Kulturgeschichte der Stadt Dortmund, 1998

Die gegenstandslose Welt, Avantgarde in Europa 1910-1930, Galerie Stolz, Köln-Berlin 1998

Das Auge des Sammlers, Monet bis Picasso, Kunstforum, Wien 1998

L'avant-garde russe et la scène 1910-30, La Collection N. O. Lobanov-Rostovsky, Musée d'Ixelles, Brüssel 1998

Kandinsky and the Russian Avant-Garde, The Art Gallery of New South Wales, Sydney 1998

Russian Avant-Garde and the Stage 1900-1930, The Collection of Nina and Nikita D. Lobanov-Rostovsky, Yokohama Museum of Art, 1998

The Russian Avant-Garde and Constructivism, Haifa Museum, 1998

Ein Fest der Farbe, Die Sammlung Merzbacher, Israel Museum, Jerusalem 1999

Chagall, Kandinsky, Malevitsch und die Russische Avantgarde, Kunsthaus Zürich, 1999

Amazonen der Avantgarde, Deutsche Guggenheim, Berlin 1999 (Die Ausstellung wurde auch in London, Venedig, Bilbao und New York gezeigt)

Les Chemins du Cubisme, L'Annonciade, Musée de Saint-Tropez, 1999

New Art for a New Era, Barbican Art Gallery, London 1999

Kandinsky, Chagall, Malevich e lo spiritualismo russo, Palazzo Forti, Verona 1999

L'homme, l'aire, l'espai, Centre d'Exposicions, Palma de Mallorca 1999

Painting Revolution, Kandinsky, Malevich and the Russian Avant-Garde, Phoenix Art Museum, 2000

L'Ecole de Paris, 1904-1928, Musée d'Art Moderne de la Ville de Paris, 2000

La Section d'Or, Musée Fabre, Montpellier 2000

Das Gedächtnis der Malerei, Aargauer Kunsthaus, Aarau 2000

Авторы статей	Autoren der Artikel
Георгий Коваленко Яков Тугендхольд	Georgij Kowalenko Jakob Tugendhold
Научный редактор, составитель биографии и библиографии	Wissenschaftliche Redaktion Biographie und Bibliographie
Георгий Коваленко	Georgij Kowalenko
Корректоры русского текста	Korrekturen des russischen Textes
Ирина Афанасьева Татьяна Румянцева	Irina Afanasjewa Tatjana Rumjantsewa
Художественное оформление	Kataloggestaltung
Йозеф Киблицкий	Joseph Kiblitsky
Компьютерная подготовка макета	Computer-Layout
Маурицио Супино	Maurizio Supino
Издатель	Herausgeber
Йозеф Киблицкий	Joseph Kiblitsky

ЛП - 000237
ISBN 3-935298-13-7 (Россия)
ISBN 3-935298-06-4 (International)

Государственный Русский музей представляет:
Александра Экстер. Альманах. Вып. 9. СПб:
Palace Editions, 2001

Internet: www.rusmuseum.ru
E-mail: info@rusmuseum.ru

Printed in Italy by GRAFICART – Formia (LT)
Bookbindery: Tonti (Napoli) Italy